갈등과 공존
-21세기 세계화와 한국의 가치관-

최 문 형

景仁文化社

이 책은 2002년도 한국학술진흥재단의 지원에 의하여
연구되었음(KRF-2002-075-A00029)
이 책은 한국학중앙연구원의 관리, 감독하에 수행된 연구결과물로서,
저작권은 한국학중앙연구원에 있습니다.

서 문

21세기 세계는 변화의 물결로 가득 차 있다. 한국 사회도 예외는 아니어서 이 급류에 휘말려 정신을 차릴 수 없는 지경에 놓여있다. '한강의 기적'이라 불리는 고속 경제성장의 후유증을 채 다스리기도 전에 세계화의 한 가운데 들어서게 되었고, 다인종화의 가속화로 인한 '단일민족 신화'의 위기도 도래하고 있다.

유교 가족윤리의 중심축을 담당해 주었던 여성들의 가치관과 의식변화로 저출산 고령화로 인한 위기의식이 팽배해졌고, 사회는 갖가지 새로운 공동체들로 넘쳐나고 있다. 정보화에 발 빠른 정보강국이 된 이면에는 각종 사이버 범죄에 노출되어 있고, 생명공학과 과학기술의 놀라운 발전은 전혀 다른 가치관과 삶의 패러다임을 우리에게 요구하고 있다.

이러한 엄청난 변화들은 우리의 삶의 질을 바꾸어놓고 있지만 한편으로는 끊임없는 과제와 도전에 우리를 직면하게 한다. 경제가 저질러 놓고 과학이 벌여놓은 일들을 추스르기가 벅찬 것이 오늘의 현실이다. 게다가 한국의 경우는 이 모든 변화들이 겨우 수십 년 사이에 일어났다. 철학과 윤리는 이에 관해 무언가 답해주어야만 하는 짐을 지고 있다.

이 책은 한국학술재단의 지원을 받아서 진행된 연구의 결과물이다. 애초에는 <21세기 한국사회의 새로운 가치관 정립을 위한 연구/동양의 전통적인 인본주의 사상을 중심으로>라는 제목으로 연구를 진행하였다.

그런데 연구가 진행되는 동안 21세기의 가치관 모색의 장이 넓혀져서 결국에는 불가피하게 세계가 안고 있는 문제들로 확장되었다. 게다가 동양의 전통사상에만 국한하려고 했던 본래의 범위도 달라져 동서양의 사상과 문화 전반의 연구가 그 대상이 되고 말았다.

물론 필자의 경험과 식견이 이 광대한 주제들과 사상들을 다루기에 일천함을 고백하지 않을 수 없지만, 한국사회의 가치문제들은 바로 전 세계적인 것이고, 나아가 동양사상이 추구하려 한 것 들 또한 인류문명이 고민한 공통의 문제라는 것을 생각하면, 이러한 주제와 범위의 확장이 본래의 연구의도와 어긋난 것은 아니라는 안도를 하게 된다.

하지만 필자가 고백하지 않을 수 없는 것은 이 책에서는 아직 한국의 가치관이라는 해답을 선명하게 제시하지는 못했다는 점이다. 세계화 시대 한국사회가 직면한 갈등을 분석하고 그 공존의 길을 모색하기는 하였지만, 필자 나름대로의 분명하고 산뜻한 가치관의 제시는 다음 연구 과제로 남겨두지 않을 수 없었다. 이는 필자의 지혜와 식견이 아직 이에 미치지 못하는 탓도 있지만, 애초에 연구주제를 너무 욕심내었던 탓에 이 큰 주제를 다 소화해내기 어려웠던 면도 있다. 아쉽지만 이 부분은 후속연구로 준비하고 있다.

이 책을 출판함에 있어 필자의 학문여정에 늘 관심을 가져주신 한국학중앙연구원 김창겸 박사님께 심심한 감사를 드린다. 그 분의 도움이 아니었으면 이 책은 빛을 보지 못했을 것이다. 또한 아직은 우리 학계에 생소한 용어 번역에 도움을 주신 성균관대학교 번역테솔대학원 손태수 교수님의 꼼꼼한 지적에 감사드린다. 무엇보다도 이 작은 연구물이 출판될 수 있도록 흔쾌히 기회를 주신 경인문화사 한정희 사장님과 늘 의지가 되어주는 신학태 부장님께 감사드리며, 마지막으로 편집과 교정에 애써주신 김하림 선생님의 노고에 감사드린다.

2007년 8월 8일
牛行堂에서
저자 씀

차 례

<서 문>

제1장
세계화와 지역화, 갈등과 공존

Ⅰ. 세계화의 본질과 양상들

1. 세계화, 미국화, 서구화

쟈크 아탈리가 인류의 역사를 노마드(유목민)의 역사라고 이해하였 듯이, 인류는 이미 몇 번의 세계화 과정을 경험해 왔다.[1] 12세기에 서 방의 몇몇 항구가 정부국가 형태를 갖추는 데 실패함에 따라, 노예들이 저항하고 봉건 영주들이 자기 땅에서 축출되어 도시 노마드가 되어 이 동의 횃불을 들고 다시 봉건제도를 붕괴시키면서, 임금과 이윤의 노마 디즘인 자본주의를 발명해 내었다. 이렇게 하여 17세기부터 최초의 세 계화, 최초의 상업적 노마디즘이 시작되었는데, 이 세계화로 인해 상품, 상인들, 그리고 그들의 사상이 쉽게 순환되기는 하였지만 여전히 가난 한 사람들의 이동에 그치고 말았다.

정주성 유토피아라고 할 수 있는 혁명기를 거치고 나서 유럽의 일부 에서는 사상, 인간, 물건 등이 다시 활발히 이동되었는데, 아탈리는 이 것을 두 번째 세계화라고 명명하였다. 시장과 여행을 활성화 시키면서 영국은 자국의 이익을 위해 전 세계에 이 두 가지를 확산시키려 노력했 다. 그래서 시작된 것이 두 번째 세계화인데, 이는 바로 빈곤한 노마드 들과 부유한 노마드들 간에 깊은 골을 파놓은 산업적 세계화였다. 산업 사회는 새로운 노마드들을 탄생시켰다. 탐험가, 이주노동자, 식민지 지 배자, 출장객, 관광객 등의 이동으로 여행이 산업화되었다. 19세기 미국 에서는 두 가지 새로운 형태의 노마드가 생겨났다. 하나는 카우보이이 고, 다른 하나는 호보(hobo, 뜨내기 노동자)인데, 둘 다 이주 노동자들을 가리킨다.

하지만 첫 번째 세계화처럼 두 번째 세계화도 중단되었다. 1880년경에 두 번째 세계화가 빚어낸 빈곤과 거기에서 발생한 전체주의 때문이었다. 제2차 세계대전 후 상업적 노마디즘은 새로이 도약하였고, 이제 세 번째로 그 활동영역을 넓혀가려 했다. 이번에도 사람들의 순환보다 물건들의 순환에, 그리고 남쪽의 가난한 사람들의 순환보다 북쪽의 부유한 사람들의 순환에 더 주력했다. 1968년에 상업적 노마디즘은 마약, 음악, 평화주의가 여행에 대한 열정과 뒤섞여서 생긴 문화인 비트 문화와 히피 문화의 의해 흔들린다.

지리적인 측면에서 본다면 세계화란 다름 아닌 '무한세계의 유한세계로의 이행'이라고 정의할 수 있다. 세상의 끝을 알 수 없었고, 미지의 세계에 대한 호기심과 두려움이 존재했던 중세의 세계는 끝이 없는 무한 세계였다. 그러다가 무한세계라는 관념이 깨지기 시작한 것은 15세기 '지리상의 대발견'에 의해서였다. 선박 기술이 발달하고 동시에 식민지 개척이 시작되면서 유럽인들은 미지의 세계 개척에 나섰고 임자 없는 땅의 정복에 주력했다. 따라서 세계화의 최초 형태는 식민주의였다고 할 수 있다. 세계화의 초기 단계는 지리상의 대발견이나 제국주의의 식민지 개척이었다. 하지만 오늘날과 같은 세계화는 19세기 말경부터 본격화되었다고 볼 수 있다.

이러한 세계화의 역사와 관련하여 '근대화(modernization)'라는 단어는 '서구화(westernization)'라는 말을 대체하면서 사용되었다. 근대화 과정이 서구에만 국한되지 않고 전세계로 퍼져나간 보편적 현상이었기 때문이다. 비록 근대화 과정이 서유럽에서 시작되기는 했지만 전세계를 근본적으로 바꾸어 놓았으므로, 넓은 개념으로 파악해야 할 필요가 생긴 것이다. 근대화라는 개념 속에 들어 있는 시간적 차원을 감안하면, 근대화는 어느 지역에 편중되어 전개된 변화의 현상이라기보다는 전세계적인 추세라고 할 수 있다.

근대화라는 개념이 학계에 소개된 것은 비교적 최근의 일이다. 이 단어는 1950년대에 북아메리카의 사회학자들(Talcott Parsons)이 처음 사용했는데, 이들은 고도로 발달한 사회에서 전개되는 산업화와 도시화 등의 힘이 결국에는 전세계로 퍼져나갈 것이라고 보았다. 이러한 힘은 '서구화' 혹은 '미국화' 등으로 정의할 수 있겠지만, 좀 더 보편적인 함의를 담기 위하여 '근대화'라는 중립적인 단어를 채택했다.2)

세계화는 통신과 무역 장벽의 제거, 자본 시장의 통합, 인구 이동에 따른 문화적, 정신적, 경제적 수준의 전 세계적인 상호 연결이라고 정의할 수 있다. 즉, 세계화는 현재 세계에 사는 사람들의 삶의 단위가 그들 개개인이 속해있는 국가의 테두리가 아닌 전 지구를 아우르는 하나의 마을이 되어가는 과정이라고 볼 수 있다. 이처럼 세계화는 너무나 포괄적이고 광범위하게 사용되는 개념으로서, 정치·경제·문화 등 다양한 측면에서 바라보는 세계화의 정의가 각 분야에서 다르게 정의되고, 해석될 가능성이 있다.

20세기 들어와 급속히 변화하고 있는 세계정세 속에서 세계화는 더욱 가속화되고 있다. 1989년은 세계사의 패러다임이 전환된 연도로 기억할 수 있다. 베를린 장벽의 붕괴, 소비에트 사회주의 제국의 붕괴, 동유럽 공산국가들의 와해 등은 동서냉전의 종식을 불러온 사건들이었다. 이러한 변화는 탈냉전기로의 진입과 함께 경제의 신자유주의와 문화의 세계화를 가속화시켰으며, 특히 베를린 장벽의 붕괴는 시장경제, 의회정치, 그리고 문화적 다원주의의 관용이 경제, 사회체계를 존속시킨다는 결론을 내리게 되었다.

한편 오마에 겐이치는 글로벌 경제의 개막을 1985년으로 보았는데 그 이유는 이 해가 빌 게이츠가 윈도 1.0을 만든 시점이기 때문이다. 그는 이 시기를 기준으로 BG(before Gates)와 AG(after Gates)의 연도로 지칭할 정도로 컴퓨터 기술의 발전을 중시하였다.3) 1980년대 중반에 대부분의 서구 세계의 국민들은 컴퓨터를 한 번 쯤은 다루어보게 되었는데, 이 때 사람들은 간단한 게임이나 가게 업무 보조용으로 컴퓨터를 이용하는데 그쳤을 뿐이었다.

이후 응용 프로그램의 수준이 개선되었지만 한 컴퓨터가 다른 컴퓨터와 정보를 공유할 수 있는 방법은 없었고, 따라서 컴퓨터의 활용도도 크게 제한되어 있었다. 또한 한 컴퓨터에서 만들어진 응용 프로그램은 다른 언어로 만들어진 응용프로그램과 거의 호환되지 못했다. 이런 문제점을 해결하기 위하여 등장한 것이 바로 컴퓨터 운용체계(OS: Operating System)이다. OS는 자동차의 시동장치와 같다고 할 수 있는데 좋은 OS가 뒷받침되어야만 컴퓨터를 이용한 보다 더 유용한 작업을 할 수 있기 때문이다. 따라서 빌 게이츠가 개발한 OS는 오늘날 사람들이 세계와 소통하는 의사 전달의 수단으로서 획기적인 의의를 지닌다.

오늘날 우리는 이 시대를 '세계화된 시대'라고 부르고 있는데 이는 대체로 다음 몇 가지의 시대적 특성 때문일 것이다. 첫째, 교통과 통신의 획기적 발전이다. 교통의 발달로 많은 사람들이 빨리 왕래할 수 있게 되었으며, 위성통신을 비롯한 원거리 통신체제와 컴퓨터 통신의 발달은 지구촌이라고 부를 수 있을 만큼 지구상의 시간적 거리를 단축시켜 놓았다. 이제까지의 국제간 교류는 물리적 교류였다고 할 수 있다. 국가 간의 운동경기가 벌어지거나 이민이나 유학을 하거나 경제적 활동을 할 때, 인간 신체나 상품의 이동을 통해 모든 교류가 이루어졌다. 하지만 세계화된 지금은 새로운 조건인 전자, 전파적 교류가 추가되어 언제 어디서나 원하는 업무를 수행할 수 있다. 이처럼 정보화로 인하여 인간의 신체와 재화가 직접 이동하거나 참여하지 않아도 모든 일이 가능한 조건이 마련되었다.

둘째로, 세계화는 필연적으로 세계문화의 미국화(Americanization)

를 포함한다. 이 점에서 우리는 세계화를 미국화, 또는 서구화(Westernization)라고 명명할 수 있다. 교통과 정보화의 기술은 세계를 점점 더 가깝게 밀착시키고 있고, 인터넷 통신망으로 인해 세계는 하나의 세계, 하나의 문화권으로 통합되어가고 있다. 인터넷 혁명과 새로운 정보기술의 발달은 세계문화에 지대한 영향을 주고 있다. 특히 정보화 시대 사이버 공간에서 우리가 접하는 언어는 영어이다. 우리는 인터넷을 통해 서구 및 미국문화와 접하게 된다. 따라서 전 세계 인구가 인터넷을 통하여 하나의 문화, 즉 서구의 문화로 통합된다고 하여도 과언은 아니다.

셋째는 냉전과 이념대결이 종식된 후, 동서진영의 모든 나라들이 모두 경제 제일주의로 지향하면서 세계가 단일시장화 되었다는 점이다. 그러므로 세계화는 대륙과 국경을 넘나드는 사회적·정치적·경제적 활동들을 포함하게 된다. 특히 세계화의 경제적 활동들은 중요한 부분을 차지한다. 이 경제적 활동 중에는 무역의 급속한 증진을 빼놓을 수 없는데, 이 무역자유화로 인하여 각국의 경제적·정치적·문화적 체계들이 통합되는 추세이다. WTO 체제는 종래 세계무역을 규제해오던 관세장벽과 비관세장벽을 현저히 철폐시키거나 완화시켜 각국 경제의 개방화를 촉진하고 있으며, 따라서 국가간 자본 이동과 서비스 이동 그리고 노동력 이동이 한층 원활하게 되었다.

이처럼 세계화의 과정은 어떻게 보면 보편화와 획일화의 과정이라고 볼 수 있다. 세계화는 경제적으로 하나의 시장경제체제를 이루며, 문화적으로는 다양한 세계의 문화를 향유한다. 따라서 세계화는 하나의 유일한 통합된 사회, 즉 '지구적 통합'을 뜻하기도 한다. 지구촌의 많은 국가들이 서로서로 결합하는 추세이며, 세계화는 이제 세계사회의 주요 흐름이다. 따라서 이제 세계는 국경이 없는 사회를 형성하게 되며, 국가 간에 인적 물적 자원과 정보가 경계 없이 자유롭게 이동되는 상태를 의미하는 것이다.

2. 경제적 세계화의 의미

경제적으로 세계화라는 용어는 1980년대 초 영국과 미국의 신자유주의적인 경제정책과 함께 광범위하게 확산되어 상용화되기 시작했다. 영국에서는 마거릿 대처 수상 시절 '대처리즘(Thatcherism)'이라는 이름으로, 미국에서는 로널드 레이건 대통령 집권 시기 '레이거노믹스(Reaganomics)'라는 이름으로 '탈규제화정책'이 본격화되었는데, 아마 이것이 세계화가 본격화되는 시점이었던 것 같다.[4] 그 후 유럽연합의 단일 시장 창설 정책, 자본이동의 자유화 등의 형태로 일반화되다가, 급기야 전 세계로 확산된 것이 바로 오늘날의 세계화이다.

경제적 의미에서 세계화를 바라볼 때 다음과 같은 점들을 고려하게 되는데, 그것은 무역과 재정, 생산물, 그리고 제도이다.[5] 제2차 세계대전 이후 국제무역은 국제적 생산보다 훨씬 빨리 증가하였는데, 지난 20여 년 동안에 국경을 넘나드는 금융의 물결이 무역보다 훨씬 빠르게 증가해 왔다. 또한 생산물의 경우 다국적 기업에서는 3분의 1 이상의 상품교역이 한 개 회사의 여러 부문에서 선적되는 국제 무역에 의해 이루어져 왔다. 예를 들면 반도체 칩의 경우 디자인은 미국에서 이루어지고 제작 공정과정은 노동력이 싼 말레이시아에서, 그리고 마지막 상품 테스트는 싱가포르에서 행해지고 선적되는 식이다. 따라서 제도면에서는 국가가 주도하는 발전은 이제는 없다고 보아야 한다. 세계경제는 시장 주도형, 그리고 사경제로 주도되는 편이 많다. 국제경제는 이제 무역, 투자정책, 관세정책, 그리고 외국투자에 의해 결정된다.

세계화는 필연적으로 경제성장을 동반하게 된다. 애덤 스미스(Adam Smith)는 『국부론』에서 세계적으로 분산된 부분들을 결합하는 것이 이익을 창출하는 길이라고 주장했다. 이를 위해서는 각자의 요구를 충족

시켜 주어야하고, 각자의 흥밋거리들을 증진시켜야 하며, 각자의 산업
들을 활성화시켜야 한다는 것이다. 또한 세계화는 내생적 성장
(endogenous growth)과 관련이 있다. 내생적 성장이란 계속 증가하는 혁
신과 생산성에 의존하고 있다. 실제로 지난 두 세기 동안 급속히 발전
한 개발도상국들의 경우는, 제조업에 능한 전문가의 성장에 성공한 경
우이다. 또한 높은 무역장벽을 쳐놓은 나라보다 무역개방형 경제정책을
택한 나라들이 훨씬 빠른 성장을 보였다.

애덤 스미스의 노동분업의 원리에 따르면 생산과정에서 선진국과 개
발도상국 간의 새로운 노동 분업이 일어나는데, 이 분업은 매우 상호보
완적 관계임을 알 수 있다. 이 경우 선진국은 새로운 혁신에 의해서 더
큰 시장에 접근할 수 있는 이점이 있고, 개발도상국은 다국적 기업에
의한 국제적 생산물을 공유함으로써 이러한 혁신의 부산물들을 누릴
수 있다는 이점이 있을 것이다.

그러나 이 경우에 두 가지 이론적 예외들이 있을 수 있다. 첫 번째
예외는 지리적인 것에 기초하고 있다. 이것은 운송비용과 관련되는데,
만약 지리적으로 고립된 경우라면, 무역확장의 기회가 제한될 수밖에
없다. 기후 또한 심각한 영향을 미칠 수 있는데, 열대기후의 경우 전염
병에 노출될 가능성이 많고 농사짓기에 나쁜 환경일 경우가 많다.

또 하나의 예외는 주요상품의 특성화에서 오는 장기간에 걸친 성장
손실이다. 자연자원의 기반이 풍부한 국가들의 경우, 예를 들면 페르시
아만의 산유국들의 경우는 제조부문에서는 아주 취약한 구조를 가지고
있다. 산유국들은 그들의 주요상품인 오일을 수출함으로써 많은 수익을
올릴 수는 있지만, 그들의 이 주요상품은 오히려 제조와 가공업을 약화
시키는 결과를 가져온다. 이는 장기간에 걸쳐 볼 때 엄청난 손실을 가
져오는데, 왜냐하면 제조업의 발달이 가져올 혁신과 생산기술의 개선
등과 같은 성장가능성들을 놓쳐버리기 때문이다.

한편 케인즈(J. M. Keynes)의 경제 이론은 심각한 경제위기 상황에서 정부가 수요를 자극해 소비를 촉진시키는 것이었다. 이것이 바로 수요가 공급을 낳고 공급은 일자리를 증가시키고, 다시 일자리는 소비수요를 창출한다는 케인즈 경제학의 핵심 내용이다. 케인즈는 보호무역주의를 적극적으로 옹호하지는 않았으나, 대공황의 원인으로서 전통적인 경제학의 자유방임주의를 비판했다. 그리고 그는 대공황은 케케묵은 경제학에 사로잡힌 사람들이 만들어낸 실수라고 비판하였다. 하지만 케인즈의 모형에 입각하여 글로벌 경제의 변화를 설명하려고 한다면, 예상과 전혀 다른 결과에 봉착하게 될 것이다.

왜냐하면 지난 20년간 많은 유형의 국제 자본의 흐름이 생겨났기 때문이다. 오늘날 글로벌 경제에서 우리는 끊임없는 돈의 흐름을 목격하고 있다. 돈은 더 이상 어느 한 지역에 머물러 있지 않으며, 만약 한 지역에 머물러 있게 된다면 인플레이션을 초래하게 될 것이다. 하지만 고전경제학 이론들은 이를 죄다 설명할 수 없다.

외국자본의 직접투자와 국가펀드, 은행대출, 약정대출, 복합금융상품, 보험 및 다른 금융수단에 의한 주식투자 등이 국경을 넘어 이루어진다. 재정적 거래는 무역으로부터 두 가지 종류의 이득을 얻게 된다. 한 가지 이득은 국가의 경계를 넘나드는 돈의 흐름이 위험요소들을 다양화시키고 분산시킨다는 것이고, 또 다른 이득은 시간적으로 사이사이에서 얻는 이득이다. 이처럼 글로벌 경제에 영향을 미치는 변수는 셀 수 없이 많으며 글로벌 경제는 역동적이고도 예측하기 힘든 시스템이다.[6]

한편 글로벌 경제에는 불공평한 측면도 존재하는데, 이는 주로 선진국과 개발도상국 간에서 이루어지는 수입의 배분에서 발생한다. 과거 25년간 국제경제 이론은 두 가지 종류의 무역에 초점을 두어 왔는데, 그것은 산업내 무역(intra-industry)과 산업간 무역(inter-industry)이다.[7]

먼저 산업내 무역은 다음과 같이 이루어진다. 미국에서 유럽 스타일의 차를 생산해서 유럽에 팔고 미국 또한 유럽 모델 차를 수입하는 것이다. 이 경우 유럽과 미국의 소비자 모두는 다양한 스타일의 자동차를 즐길 수 있게 되고, 미국과 유럽의 노동자 중 그 누구도 수입이 줄어드는 고통을 겪지 않는다. 따라서 이 무역은 누구에게나 좋은 상황(win-win situation)이라고 할 수 있다.

다음으로 산업간 무역은 미국이 과학기술 집중적인 상품을 생산하고 노동집약적인 상품(신발, 의류 등)을 수입해 들이는 것인데, 이 경우 미국 내의 신발이나 의류부문의 노동자들은 일자리를 잃을 우려가 있고, 기술집약적인 상품을 수입하는 아시아 지역의 숙련노동자들도 일자리를 잃을 가능성이 커진다. 산업내 무역은 비슷한 경제수준의 국가들끼리 행해지는 경우가 많고, 산업간 무역은 경제수준이 차이나는 국가들 간에 이루어지는 경우가 많다.

이처럼 글로벌 경제는 새로운 패러다임을 창조해 냈으며, 그 패러다임의 특징들은 흥미롭고 신선하다. 글로벌 경제에서는 자연자원이나 식민지가 필요하지 않다. 아일랜드와 핀란드는 글로벌 경제에 성공한 나라들인데, 이들은 모두 다른 강대국에 예속되어 있었으며 자급자족을 할 수 없었다. 또한 두 국가는 가난과 질병으로 인해 국민의 상당수가 사망한 어두운 과거도 가지고 있었다. 그러나 이제 이 두 나라는 글로벌 경제의 최전선에 서 있다. 그 비결은 그 두 나라가 국내가 아닌 해외에서 번영의 실마리를 찾았으며, 외국의 투자를 성공적으로 유치한 것에 있다. 이제 개개의 지역들은 자신이 투자의 대상이 될 만한 가치가 있다는 것을 투자자들에게 보여 주어야만 한다. 번영의 바탕이 될 수 있는 것은 외부로부터의 투자이다.[8]

경제적 세계화는 통합적인 관점에서만 이해할 수 있다. 글로벌 경제는 189개국의 산술적인 합이 아니며 글로벌 경제 그 자체에서 받아들여지고 이해되어야 한다. 글로벌 경제를 이해하기 위한 모델은 아직 개발되지 않았으며, 글로벌 경제를 명쾌히 설명할 수 있는 전문가는 아직 존재하지 않는다. 아마도 글로벌 경제는 계속적인 변화라는 말로 정의하는 것이 가장 적절할지 모른다.

Ⅱ. 반세계화와 세방화

1. 반세계화의 물결

전술하였듯이 세계화는 국경을 넘어선 경제활동을 의미한다. 이는 막을 수 없는 거대한 흐름이기도 하다. 이 세계화는 신자유주의라는 지배적 경제질서를 바탕에 가지고 있다. 신자유주의의 본질적 내용은 국가의 역할을 가능한 한 줄이는 최소의 국가가 가장 이상적이며, 기업의 자유는 최대한 보장되어야 하고 노동조합의 활동은 억제되어야하며 사회보장은 축소되어야 한다는 것이다. 케인즈주의에 바탕한 자본주의가 복지국가체제였기 때문에 신자유주의는 이를 해체하는 이론적, 사상적 기초가 되었다. 이러한 신자유주의적 세계관은, 정부 특히 개발도상국과 과거의 사회주의 국가들에게 민영화와 자유화를 강요한다. 이러한 정책들이 오늘날의 세계경제시스템의 기초를 제공한다.

신자유주의적 세계화의 특징은 지구적 차원에서 경쟁과 자유화가 가속화된다는 것과 국제적 투기자본의 활동이 격렬하다는 점이다. 이러한 환경에서 신자유주의적 세계화의 게임규칙은 필연적으로 불평등을 조장한다는 것이, 세계화를 반대하는 세력들의 주장이다. 신자유주의적 세계화는 선진국과 후진국간의 격차를 확대시키고, 선진국 내의 불평등과 후진국 내의 불평등을 심화시킬 뿐 만 아니라, 세계경제를 불안정하게 한다는 것이다. 따라서 이 세계화의 수혜자는 선진 자본주의 국가, 자산 소유자, 이윤 소득자, 금리 생활자, 고등 교육을 받은 사람, 전문직이나 관리직, 혹은 기술직 종사자이고, 피해자는 후진자본주의 국가, 무산자, 임금 소득자, 채무자, 교육 수준이 낮은 사람, 반숙련 혹은 미숙련 노동자들이다.[9]

실제로 1960년부터 30년 동안 세계의 전체 수입에서 가장 부유한 나라 50개국이 차지하는 몫은 70%에서 85%로 올라갔고 이는 여전히 상승 중이다. 선진 자본주의 국가내에서도 경제적 불평등이 심화되었다. 1980년대 10년 동안 미국의 소득 증가분의 90%를 최상위층 1%가 독차지했다. 승자가 모든 것을 갖는 사회가 된 것이다. 후진국내에서도 불평등이 심화되었다. 멕시코는 1985년 GATT가입을 전후로 빈곤율이 1984년의 29%에서 1989년의 36%로 높아졌다. 한국에서도 1997년 외환위기 이후 부익부 빈익빈 현상이 심화되었다. 도시 노동자와 상하 계층간, 그리고 도시와 농어촌 간의 소득격차는 더욱 커졌다.[10] 이처럼 세계화는 노동시장의 유연화를 요구하고, 이 때문에 임시직이나 비정규직 근로자의 수가 늘어난다. 노동시장이 불안정해지고 임금격차는 심화되고 일자리간의 양극화가 심화된다.

이러한 세계화의 부작용 속에서 1999년 12월 시애틀 항쟁을 출발점으로 반세계화운동이 강력하게 전개되기 시작하였다. IMF, WTO, APEC, ASEM, G8회담, 세계은행, 다보스포럼, 미주개발기구 등 세계화와 관련된 국제회의가 열릴 때마다 다양한 반세계화 운동 세력들의 시위가 이어져왔다. 아울러 노동조합운동, 농민운동, 빈민운동, 환경운동, 여성운동, 사회주의자, 무정부주의자, 좌파 민족주의자, 급진 종교세력 등 성격이 다른 세력들이 혼재하는 시위대가 등장하였다.

세계화 반대운동은 1980년대 말 사회주의 국가들의 붕괴 이후, 약해진 진보운동이 새로운 출발을 하는 계기가 되었다. 1995년 12월 프랑스 공공부문 총파업을 필두로 한국, 라틴아메리카 등지에서 신자유주의 반대 총파업이 벌어졌다. 1997년 5월 영국의 신노동당 정부출범을 뒤이어 독일, 프랑스, 이탈리아에 '적녹연정'이 등장하는 등, 현실정치에서도 좌파가 다시 지지를 받기 시작하였다. 1997년 동아시아 경제위기가 터지면서 우파의 헤게모니가 약화되고, 진보·좌파의 이념이 다시 목소리를 높이면서 반세계화 운동도 크게 발전했다.

반세계화운동이 발전해 감에 따라 내부의 입장 차이도 생기고 있다. 우선 세계화를 대하는 태도를 기준으로 하면 거부, 대안, 개혁의 세 입장으로 나눌 수 있다. 거부진영은 반자본주의를 지향하는 사회운동세력이고 이들은 급진적 주장과 함께 저항도 격렬하다. 대안진영은 탈물질적 대안가치를 추구하고 대중적 저항을 추구한다. 개혁진영은 '아래로부터의 세계화', '민주적 세계화'를 주장하고 구체적 프로그램을 제시함으로써 저항의 실현가능성을 담보한다. 투쟁방법과 관련해서는 폭력의 사용을 용인할 것인가. 기존제도를 어떻게 이용할 것인가가 쟁점이 되고 있다. 다자간 기구나 지역 간 기구회의, 정상회담이 열릴 때 나란히 개최되는 민간단체회의가 공식채널과 협력, 비판, 갈등 중 어떤 관계를 가지는지 입장의 차이가 있다.

반세계화 운동세력들이 자본가, 선진국 중심의 세계경제포럼 등에 대항하고 세계화의 대안을 위해 추진한 것이 2001년 2월 브라질의 포르투알레그레에서 열린 제1차 세계사회포럼이다. 이 사회포럼은 브라질 비정부기관들이 처음으로 제안하였고, 급진적 반자본주의 진영, 세계금융 및 무역제도 폐지론자, 제3세계 채무말소론자 등 급진적 진영과 지역적 지구적 수준에서의 케인즈주의적 합의를 추구하는 현실주의적 진영이 참여하여 조직되었다.

참가세력의 이질성으로 인하여 공동선언문은 발표되지 않았으나 200명 이상의 각국 의원들이 참가한 세계의원포럼은 다음과 같이 선언하였다. "신자유주의적 질서에 대한 대안적 사회를 창출하기 위하여 노력하는 노동조합, 사회단체, 민주단체, 환경단체의 행동을 지지하며, 대외채무의 비도덕적인 구조에 반대하고 빈국의 채무탕감, 투기적 자본의 이동에 대한 과세, 조세 도피처의 철폐, 세계무역기구와 국제금융제도의 근본적 개혁, 의제21(1992년 리오데자네이루 환경회의의 결정)의 이행, 생명체와 관련된 특허권 반대, 여성에 대한 차별과 폭력에 반대 등을 위한 캠페인에 연대할 것"을 선언하였다.[11]

한편 세계화의 '수혜자'로 인식돼 온 미국과 서유럽에서도 세계화와 대기업 경영자에 대한 반감이 크다는 여론조사 결과가 나왔다. 파이낸셜타임스와 여론조사기관인 해리스인터랙티브는 최근 미국·영국·프랑스·독일·이탈리아·스페인 등 6개국에서 각각 1,000명 이상을 대상으로 온라인 여론조사를 공동으로 실시한 결과, 미국·영국·프랑스·스페인에서는 세계화가 자기 나라에 부정적 영향을 미친다고 생각하는 응답자가 긍정적 영향을 미친다고 생각하는 사람보다 3배가량 많았다.[12]

신자유주의적 세계화의 대안은 진정한 민주주의이다. 진정한 민주주의는 시민적 자유나 투표권을 의미할 뿐 만 아니라 사회의 조직과 생산에 관해 집단적으로 협의할 수 있고, 또 직장과 공동체에서 민중들이 자주적 결정을 할 수 있는 것을 의미한다. 노동자, 농민 생태론자 등은 지금과 같은 신자유주의적 세계화에 대한 반대입장을 견지할 수 밖에 없다.

2. 지역주의와 세방화

냉전종식으로 세계화 시대가 개막됨으로써 국민국가와 세계정치의 구조적인 변경이 시작되었다. 우선, 세계화와 함께 베스트팔렌체제, 즉 영토·국민·주권국가체제의 질적인 변화가 가시화되기 시작했다. 후기산업사회, 정보화 사회와 함께 국경의 침식, 국적성과 국가주권의 상대화가 증폭되었다.

둘째, 세계화는 세계의 주요 지역 - 비록 차별적이지만 유럽을 선두로, 북·남미지역, 동아시아까지 - 다양한 수준의 협력, 통합을 가속화시키는 '지역주의'를 촉진시켰다. 유럽은 국가연합(confederation)으로, 북·남미는 자유무역지대(FTA)로, 동아시아는 APEC, ASEM 등 경제협력체로 각종의 '지역화'가 진행되고 있는 것이다.

셋째, 세계화와 함께 부문별(경제·안보·사회·문화·환경 등), 지역별 국제적 공치(governance)가 다자주의의 방식으로 복합화 되기에 이르렀다. 이러한 요인들은 세계화가 국민국가체제에 대한 변형력으로 작용한다는 점을 시사한다.[13]

세계화와 지역주의의 흐름을 보면 반드시 상반되게 교대로 나타난 것이 아님을 알 수 있다. 세계화와 파편화는 1914년 이전에는 동시에 심화되었다가 제1차 대전 중에는 파편화가, 20년대에는 세계화가, 30년대와 제2차 대전기에는 파편화가 우세하였다. 전후 냉전시기에 세계화 쪽으로 기울다가 냉전의 침식과 붕괴 이후 다시 양자가 공존해 왔다.

유럽연합의 출범을 전후하여 세계의 주요 지역은 북미자유무역협정(NAFTA), 동남아국가연합(ASEAN), 아시아·태평양경제협력체(APEC), 남미공동시장(MERCOSUR) 등으로 지역협력체를 결정하게 되었다. 냉전의 종식은 초강대국간의 경쟁을 종식시켰으며 이는 지역을 단위로 무역과 안보의 협력에 대한 국제적 제약을 제거시켰다. 1990년대 이후 점증하는 지역주의는 기왕의 국가주의적 지역블록의 차원을 넘어서 세계화를 촉진시키는 가속제인 동시에 과대 세계화에 대한 보호기제로 작용하는 새로운 패턴을 띠고 있다.[14]

이처럼 지역화란 세계를 몇 개의 지역적 블록으로 나누는 지역경제 공동체의 형성을 말한다. EU의 성립이나, NAFTA, APEC 등을 지역화의 결과로 본다. EU는 현재 통화 단일화를 다수의 회원국에서 이루고 있으며 장기적으로는 전체 회원국으로 확대할 조짐이다. 이러한 형태의 지역화는 지역적 시장 통합을 의미하는데, 회원국 간의 관세를 철폐하고 자원과 자본의 흐름을 보다 원활하게 함으로써, 궁극적으로 역내 참여국의 시장 경쟁력을 강화하자는 목표를 두고 있다. EU나 NAFTA의 경우는 상당한 통합의 이익을 달성하고 있는 것으로 보이는 반면, APEC의 경우는 아직 통합의 수준이 명목적이고 실질적인 효과도 약하다는 평가에 직면하고 있다.

유럽연합은 국민경제에 협애성을 허물고 광역경제를 창출했으며 공동안보의 원칙으로 (국가)안보의 딜레마를 해소시켰다. 이러한 유럽의 지역화는 기왕의 기능주의적 공동시장의 수준을 넘어 국가간의 정치적 연합체를 창출하는 것이다. 유럽연합은 그 자체로써 '세계화 시대의 지역화'에 대한 새로운 모델을 제공하는 동시에 다른 지역의 지역화를 확산시키는 역할을 하고 있다. 유럽연합의 결성과 함께 '새로운 지역주의(new regionalism)'가 확산되고 있는 것이다.[15]

하지만 이처럼 1980년대 후반부터 가속된 경제적 지역주의, 지역통합의 움직임은 개방되고 통합된 세계화 경제의 원만한 운행을 위협하고 있다. 예를 들어 확대 일변도의 유럽연합(EU)은 무역장벽을 유지, 강화함으로써 다른 국가가 유럽시장에 접근하는데 제약을 가하고 있다. 북미주자유무역협정(NAFTA)은 북미지역에서 타지역 수출업자들을 차별하고 있으며, 결국 미국 소비자들에게 높은 가격을 감수하도록 강요하는 결과를 낳는다. 라틴아메리카의 지역통합운동(MERCOSUR)도 극도로 차별적이다.

이와 같은 형태의 지역화는 더욱 개방적인 세계경제로 나아가는 데 도움이 되지 않을 것이다. 지역화된 세계경제는 많은 저개발국을 배제할 것이며, 그들의 경제발전을 저해하거나 최소한 지연시키는 결과를 가져올 것이다. 지역주의는 또한 비회원국으로부터 회원국으로의 무역전환 및 투자전환을 초래하여 경제적 효율달성을 방해한다. 지역통합의 결과 회원국간의 경제력 차이에 의거한 약소국 지배 및 착취의 가능성도 배제할 수 없다.

이와 같이 지역화의 구체적인 모습은 다양한 갈래로 나타나는데, 지역의 수준도 다양하고 범위와 내용도 상이하다. 북미의 세 나라는 미국을 중심으로 NAFTA를 형성하여 노동과 자본의 교환을 원활하게 하는 장치를 시도했다. 나프타가 체결될 무렵 미국의 노동자들은 매우 민감하게 반응했고 거세게 저항했다. 멕시코로부터 공급될 저가의 노동력이 자신들의 임금과 직장을 위협할 것이 분명하다고 보기 때문이다. 멕시코의 노동자들은 직장을 구하고 소득을 올릴 수 있는 기회를 만난 셈인데, 그러고 보면 모든 노동자가 같은 입장에 있는 것도 아니다. 부국의 노동자와 빈국의 노동자가 같은 이해관계에 설 수 없다.

반면에 경제적 지역주의는 세계적 다자간 통합에 비해 몇 가지 이점을 가진다. 지역적 조정은 해외직접투자(FDI)나 다국적 기업의 행위에 대한 규제 등 세계무역기구(WTO) 규정이 소홀히 하고 있는 문제, 즉 세계적 협상을 통해서는 효과적으로 해결할 수 없는 논쟁점들을 다룰 수 있다. 지역적 기구들은 규제완화나 경쟁 정책 분야의 개혁을 수행하는 면에서 세계적 제도보다 더 신축적으로 대응할 수 있다.

초국적 기업들의 경쟁과 선진국 간의 경쟁 심화는 자본주의의 전 지구적 자기 확장이라고 할 수 있는데, 이 현상은 세계의 구석구석을 자본주의 체제에 흡수해 나가고 있다. 그러한 과정은 체제 밖에 있었거나 혹은 체제의 주변부에 있었던 사회들의 산업화를 촉진하게 되었다. 대기업, 다국적 기업이나 중소기업들이 베트남이나 인도를 찾아가는 이유는 현지의 값싼 노동력을 활용하면 이윤을 취할 수 있는 상품을 만들 수 있기 때문이다.

또한 그 과정에서 이 기업들은 현지의 노동력을 훈련시키며 소득 수준을 향상시키고 기술을 전수하게 된다. 이 기업들의 성공은 장기적으로 현지 사회의 산업화 및 이를 바탕으로 한 근대화에 긍정적 원인을 제공하는 셈이 된다. 우리는 이것을 지역화라고 말한다. 현지에 진출하는 기업들은 현지 사정을 가장 적절하게 활용할 수 있기 위해서 현지에 대한 정보를 수집하고 현지인과의 접촉을 통해 상황을 파악한다. 이 문화권과 상호작용하는 가운데 시행착오도 거치지만 결국은 현지에 적응해 나간다. 현지인들 역시 외부로부터 온 기업에 고용되기 위하여 노력하게 되어 그로부터 돈과 기술을 얻게 된다. 이런 의미에서 지역화란 상호적응의 과정이며 경제적 성공을 획득하기 위하여 상호간에 문화적으로 조율하는 과정이라고 할 수 있다.[16]

한편 우리는 지역성이 종종 세계화에 대항하여 특정문화를 옹호하는 세계에 살고 있다. 경제적 세계화는 그 전개과정에서 세방화(glocalisation)로 개념화된 현상을 만들어내었다. 세계화가 진행되면서 자연발생적으로 동반되는 또 하나의 현상은 세방화이다. 세방화는 세계화(globalization)와 지역화(localization) 사이에서 필연적으로 직면하게 되는 문제이며, 또 그 문제에 대응하는 방식이기도 하다.

옥스퍼드사전(The Oxford Dictionary of New Word, 1991)에 의하면 '글로컬(glocal)'과 그의 진행형 명사 '글로컬리세이션(glocalisation)'은 '글로벌(global)'과 '로컬(local)'을 끼워 맞추어 만든 합성어로 설명되어 있다. 또한 이 사전에 의하면 이 아이디어는 일본어 'Dochakuka'를 모델로 하였으며 이는 자기 자신의 땅에서 생활을 유지한다는 의미도 지닌다. 원래 이 말은 그 지역의 조건에 따라 농경 기술을 적용한다는 농사원칙에서 시작되었으나, 일본식 사업 경영에 있어서 지역 조건에 적응한 글로벌한 시각, 세계적 지역화(global localism)로 적용되었다.

'글로컬(glocal)'과 '글로컬리세이션(glocalisation)'은 1980년대에 사업상 혼용어로 그 특색을 드러냈다. 하지만 이 두 단어의 근원적 진원지는 일본이었고, 일본이란 곳은 특성화와 일반화가 역사적으로 혼용된 지역으로서 매우 오랫동안 자신의 지역적/문화적 중요성이 강하게 개발되어 온 지역이다.[17] 따라서 이 사전에는 이 단어들이 1990년대 초부터 사용된 주요한 시장거래 전문용어라고 소개하고 있다.

또한 세방화 개념은 사업상의 감각으로 볼 때 경제 용어인 마이크로 마케팅(micro-marketing)과 밀접히 연관되어 있다. 이는 소비자의 인구 통계적 속성과 라이프 스타일에 관한 정보를 활용, 소비자의 욕구를 최대한 충족시키는 마케팅 전략이다. 이는 시장을 가장 작은 상권단위로 나눈 다음 시장별로 소비자 특성에 관한 데이터를 수집해 마케팅 계획을 세우는 것이다. 주로 많은 매장을 가지고 영업하는 대형 유통업체, 은행, 보험회사 등에서 활용하는데, 이러한 마케팅은 지속적으로 변화해가는 지역적이고 특수한 시장들에 있어서, 상품과 용역을 재단하고 광고하는 것으로 이해할 수 있다.

증가해가는 글로벌 시장을 위한 자본적 생산세계에서는, 지역적이거나 어떤 특정한 환경에 적응한다는 것이 단지 문명적 · 지역적 · 사회적 · 인종적 · 성별적인 조건들과 소비자들의 다양한 조건들에 단지 반응하는 정도만은 아니다. 대부분 혹은 상당할 정도로, 마이크로 마케팅, 아니면 더 포괄적인 용어로는 세방화는 점차로 차별화가 증대되는 소비자들에 대하여 '소비자 전통을 창출'하는 일에 기여하고 있다.

간단하게 설명한다면, 다양성이 무기이다. 반면에 소비자의 입장에서 보면, 이것은 문화자본의 형성에 매우 중요한 기반이 된다. 그런데 강조할 점은 단순히 기능만이 아니다. 예를 들어 캘리포니아나 다른 지역에서 소위 '소수 민족이 운영하는 슈퍼마켓들'의 번창은 자신만의 고유한 차이점에만 주력하지 않고, 고향이나 자기 민족에 친숙하거나 향수를 불러일으키려는 욕구에 초점을 둔다. 그러나 그럼에도 불구하고 이 후자의 경향들마저 문화자본 형성의 근간이 되고 있다.[18]

이처럼 세방화는 지역화와 함께 세계화에 동반되는 현상으로 이해되고 있으며 구체적으로는 다음과 같이 활용된다. 첫째, 세방화는 세계시장에 진출하는 다국적 기업들이 다양한 세계 각국의 사회문화적 공간에 자신들의 상품을 잘 판매하기 위하여 다양한 현지화 전략을 구사한다는 의미로 해석된다. 둘째, 세방화는 외부로부터 유입된 문화적 요소를 자기 지역문화에 걸맞게 변화시켜 자기 것으로 소화해내는 의미가 있다. 일본의 토착화 개념은 이의 좋은 예이다.

주)

1) 쟈크 아탈리, 이효숙 옮김, 『호모 노마드, 유목하는 인간』, 웅진지식하우스, 2005, 310~332쪽.

2) Jonathan Friedman, "Global System, Globalization and the Parameters of Modernity", Mike Featherstone, Scott Lash and Roland Robertson (eds.), *Global Modernities*, London: Sage, 1995, pp.69~90.

3) 오마에 겐이치, 송재용·강진구 옮김, 『The next global stage』, 럭스 미디어, 2006, 51쪽.

4) 강상구, 『신자유주의의 역사와 진실』, 문화과학사, 2004, 90~115쪽.

5) Jeffrey Sachs, "International Economics: Unlocking the mysteries of globalization", *Foreign Policy* 110, 1998, pp.97~111.

6) 오마에 겐이치, 앞의 책, 33~38쪽.

7) Jeffrey Sachs, op. cit., p.110.

8) 오마에 겐이치, 앞의 책, 108쪽.

9) 양동휴, 「세계화의 역사적 조망」 『경제발전연구』 10권 1호, 한국경제발전학회, 2004, 11~13쪽.

10) 장상환, 「반세계화운동의 지향과 전개방식」 『실천문학』 겨울호, 실천문학사, 2001, 210~211쪽.

11) 딕 니콜스, 「신자유주의적 세계화에 어떻게 저항할 것인가?」 『진보평론』 가을호, 2001.

12) 『동아일보』 2007년 7월 24일자 기사.

13) David Held, (ed.), *Global Transformation*, 조효제 옮김, 『전지구적 전환』, 창작과비평사, 2004, 17~28쪽.

14) 존 베일리스, 스티븐 스미스 편저, 하영선 외 옮김, 『세계정치론』, 을유문화사, 2003, 524~527쪽.

15) B. Hettne, A. Inotai, and O. Sunkel, (ed.). *Globalization and the New Regionalism*, Basingstoke: Macmillan, 1999.

16) 김신동, 『세방화, 정보화, 그리고 문화충돌』, 정보통신정책연구원, 2004.2, 42~44쪽.

17) Miyoshi, M. and H. D. Haratoonian (eds.) *Postmodernism and Japan*, Durham: Duke University Press. 1989.

18) Bourdieu, P. *Distinction: A Social Critique of the Judgement of Taste*, Cambridge, MA: Harvard University Press, 1984.

제2장
과학시대의 인간가치, 갈등과 공존

Ⅰ. 생명공학 발달과 인간가치 문제

1. 인간복제와 인간의 가치

최근 생명과학의 발달로 동물은 물론 인간복제 또한 자유롭게 선택할 수 있는 시대에 우리는 살고 있다. 동물복제는 다양한 목적으로 활용될 수도 있을 것이다. 하지만 인간의 경우는 그 선택과 결정과정, 그리고 결과에 있어서 많은 논란을 불러일으키게 된다. 인간 배아는 인간인가? 이 문제는 언제나 격론의 대상이 되어왔다. 서구 기독교의 고유한 생활양식이 그러한 생물학적 여건 속에서 도덕적 긴장감의 정당성을 찾아 왔던 것이 사실이다. 배아의 인간성 문제는 신을 기원으로 갖는 정신적 원리로 받아들여지는 영혼의 획득 문제와 연관이 있기 때문이다.[1]

하지만 과학이 획기적인 발전을 이룩하여 자기 길을 가기 시작하면 아무 것도 과학의 가는 길을 막을 수는 없다. 과학은 그 자신의 내부 추동력에 의해 움직이기 때문에 윤리에 의해 그 발전을 멈추거나 발전의 방향을 수정하지 않는다. 따라서 과학기술 및 사회변화로 인한 문화지체 현상이 불가피하듯이 윤리지체 현상도 불가피하다.

1996년 영국에서 복제양 '돌리'의 탄생한 이후로 생명체복제에 대한 의견들이 분분하다. 생명체 복제기술중 하나인 배아복제와 배아줄기세포를 이용하여 불임치료 및 심각한 유전병 치료에 크게 기여할 수 있으며, 상당한 시차를 두고 쌍둥이를 만드는 인간복제에 있어 거부반응 없는 이식용 장기나 조직을 제공할 수 있다는 점에서 복제기술의 긍정적인 측면을 볼 수 있다. 뿐만 아니라 우수한 인재들을 복제하여 사회에 크게 기여할 수 있으리라는 막연한 꿈도 있다. 이런 논거들이 찬성여론을 뒷받침하고 있다.

하지만, 인간복제 연구는 인간을 대상으로 삼는다는 점에서 많은 논란을 불러일으킨다. 또한 오로지 연구목적으로 복제인간을 창조한다는 것은 인간을 대상화하는 것이 되므로, 더욱 심각한 결과를 초래할 수 있다. 인간복제로 인한 개인의 가치가 떨어지는 것은 물론이고 인간적인 삶의 존엄성을 훼손하게 될 것이다. 다시 말해 인간을 대체 가능한 존재로 생각하게 함으로서 인간의 존엄성은 무너지게 되는 것이다. 인간복제 연구로 인한 실험과정에서 무수한 낙태와 사산이 불가피해질 것이므로, 인간복제 실험은 생명체 파괴와 생명경시 현상을 초래할 것이 자명하다.

또한 복제는 섹스와 사랑, 친밀감을 급격히 분리할 것이다. 두 존재 사이의 수정이 의사나 과학자 같은 제3자의 권력에 맡겨지게 될 것이다. 남녀 상호의존에 의해 출산되는 과정에서 이 복제로 인해 상호의존성이 파괴되고 이것은 인간사회를 와해시킬 수 있다. 과학기술과 생명윤리는 이렇듯 갈등을 피할 수 없다.

체외수정을 비롯한 각종 생식 의술은 비록 불임 자체를 치료해주지는 않지만, 자녀 출산을 적극적으로 도와주는 보조생식의술로 널리 인정받고 있다. 배우자간 인공수정에 대해서는 배아파괴의 물음을 제외하고는, 별다른 윤리적 반론이 제기되지 않는다. 즉, 배우자간 인간복제는 생식의 자유에 속한다. 물론 인간복제를 보조생식의술로 보기가 어려운 특성이 있다. 기존의 모든 보조생식의술은 정자와 난자의 만남 내지는 태아의 성장을 도와주는 의술이다.

하지만 인간복제는 정자와 난자의 만남을 도와주는 게 아니라 새로운 배아를 형성하는 의술이다. 하지만 자녀출산을 돕는다는 넓은 의미에서 보면, 인간복제 역시 보조생식의술의 하나로 간주될 수 있다. 이러한 관점에서 윌슨(J.Q.Wilson)은 결혼한 두 부부가 인간복제를 통해 아이를 출산하여 공동으로 양육책임을 지는 경우, 인간복제는 입양에 대한 좋은 대안이 될 수 있다고 주장한다.[2]

체외수정과 인간복제는 배아가 형성되는 측면을 제외한 나머지 과정은 둘 다 동일하다. 즉, 체외수정의 경우 배아는 정자와 난자의 수정에 의해 만들어지는 반면에, 인간복제의 경우 배아는 이러한 수정 과정이 생략되고 대신 어느 한쪽 세포에서 핵을 추출하여 핵이 제거된 난세포에 주입시켜 만들어진다. 그 결과로 체외수정된 배아는 부모 양쪽으로부터 유전자를 물려받는 반면에, 복제된 배아는 어느 한쪽 부모로부터만 유전자를 물려받는다. 체외수정은 유성생식인 반면에, 인간복제는 무성생식이다. 이러한 차이점들에도 불구하고 두 의술 모두 인간 생명체의 탄생에 인간이 의도적으로 적극 개입하고 있다.

한편 체외수정을 통해 출생한 인간 존재는 자연적으로 태어난 인간 존재와 아무런 존재론적 차이가 없다. 그러나 복제인간의 유전자는 핵을 제공한 '원본인간'과 그 유전자가 동일하다. 인간복제에 관한 찬반 논쟁은 이 생물학적 사실에 관한 의미 해석의 차이라 해도 과언이 아니다. 유전자의 동일성으로 인해 제기되는 대표적인 철학적 문제가 바로 개체동일성(personal identity) 및 개성(individuality)의 물음이다. 즉, 복제는 개체동일성과 개성에 중대한 위협을 가한다고 복제 반대론자는 주장한다.[3]

복제인간은 원본인간과 동일한 개체인가, 아니면 독립된 자아정체성을 지니는가? 복제인간은 원본인간과 동일한 개성을 지니는가, 아니면 독립된 고유한 개성을 지니는가? 개체동일성의 기준에 따라 그 답이 달라질 수도 있다. 이제까지 철학사에 나타난 개체 동일성의 기준은 크게 다음 다섯 가지로서, 첫째, 영혼의 동일성, 둘째, 육체의 동일성, 셋째,

두뇌의 동일성, 넷째, 심리적 연속성, 다섯째, 육체적 기준과 심리적 기준의 혼합이다.[4]

예를 들어, 영혼의 동일성에 의거한 이론에 따르면, 동일한 영혼을 지닐 경우 복제인간은 원본인간과 동일한 개체가 된다. 반면에 육체의 동일성에 의거한 이론에 따를 경우 복제인간은 독립된 개체가 된다. 그러나 우리의 상식적 직관은 원본인간과 시공간을 달리하면서 존재하는 복제인간이 하나의 독립된 개체임을 결코 부인하지 않는다. 동일한 유전자를 지닌 일란성 쌍둥이는 분명 서로 독립된 개체이기 때문이다. 인간복제는 엄밀한 의미로 말하면 유전자 복제에 불과하므로 유전자가 같다고 해서 동일한 개체라고 말할 수 없다.

일반적으로 인간복제는 복제할 DNA를 어디에서 얻느냐에 따라 네 유형으로 분류될 수 있다.[5] 첫째, 부부의 배아, 둘째, 이미 현존하는 자녀, 셋째, 부부 이외의 제3자, 넷째, 부부 중 어느 한쪽이다. 이 모든 경우 복제자가 복제인간의 유전자를 결정함은 사실이다.

아마 '부부 이외의 제3자'의 경우에 유전자 선택의 폭이 가장 넓을 것이다. 이런 유형의 유전자 선택은 이미 체외수정에서 일상적으로 일어나고 있다. 즉, 착상 전 산전진단을 통해 체외수정 된 배아의 유전자를 검사하고, 필요한 유전자를 가진 배아를 부모나 의사가 선택한다. 따라서 우리는 생명을 창조할 수는 없지만, 인간 존재의 유전적 정체성(genetic identity)을 결정할 수 있게 되었다.

'부부의 배아'로부터 DNA를 얻는 경우 복제인간의 유전자는 부부의 배아와 동일하게 된다. 이렇게 태어난 아이는 넓게 해석하면 복제된 유전자가 아니라 독특한 새로운 유전자를 지니게 된다. 즉, '부부의 배아'의 경우 복제인간은 그 기술적 과정을 제외하고는 자연인간과 동일하다. 한편 '이미 현존하는 자녀'의 경우는 다시 두 가지 사례, 즉 생존하는 자녀의 DNA를 이용하는 경우와 죽은 자녀의 DNA를 이용하는 경우, 둘로 분류될 수 있다. 자녀가 자기 나름의 고유한 삶을 영위하기 이전 어린 나이에 죽었다면 복제인간은 선행하는 삶의 전형을 지니지 않는다. 생존하는 자녀 복제의 경우, 복제인간은 자신과 동일한 유전자를 지닌 형 혹은 언니의 삶의 전형을 이미 완성된 형태로가 아니라 미완성 형태로만 지니게 된다.

인간복제에 관한 반론에는 두 가지 전제가 가정되어 있다. 하나는 복제하는 자가 복제인간의 유전자를 결정한다는 명제요, 다른 하나는 유전자를 제3자가 결정할 경우 개인의 자율성이 훼손된다는 명제이다.[6] 과연 복제자는 어떤 의도로 복제 자녀를 얻고자 하는가? 인간을 복제하는 동기는 크게 두 가지이다. 하나는 유전적으로 연관된 자녀를 얻고자 하는 것이고, 다른 하나는 특별한 재능을 가진 아이를 얻고자 하는 것이다.[7] 위에서 '부부 이외의 제3자'의 경우는 우생학적 동기가 우세한 반면에, 그 밖의 세 가지 경우는 그 동기가 유전적으로 연관된 자녀를 갖고자 하는 것이다.

의도적 자녀 출산과 연관되어 제기되는 또 다른 종류의 도덕적 논쟁점은, 미 국가 생명윤리자문위원회가 지적하고 있는 자녀의 '대상화' 문제이다. 이제까지 자녀는 태어나는 존재이었다. 비록 부모가 자녀를 낳지만 부모가 자녀의 유전자를 간섭할 수는 없었다. 그러나 계획내지 의도에 의해 자녀가 출산하게 되면, 그 자녀는 하나의 인위적인 생산품으로 전락하게 된다는 것이다.[8]

복제동물의 경우를 살펴보면 이는 명백하다. 즉, 동물복제는 처음부터 인간의 합리적 목적을 위한 수단으로 고안되었고, 또 태어난 동물역시 실제로 그 목적에 수단으로 이용된다. 마찬가지 논리로 복제인간역시 의도적으로 만들어진 생산품에 불과하게 된다. 그런데 복제 동물은 인격적 자율성을 존중받는 도덕 행위자가 되지 않는 반면에, 복제인간은 도덕적 지위를 지닌 인격적 존재라는 점에서 문제가 발생한다.

즉, 그 발생이나 의도와 상관없이 일단 태어난 이상 복제인간 역시 인간이기 때문에, 자연인간과 동등한 도덕적 지위를 지니기에 인격체로서의 모든 도덕적 권리를 지닌다.[9] 따라서 도구적 목적에 이용될 수 있다는 이유로 인간복제를 전면 금지하는 일은 인간 동기의 복잡성과 개인적 관계 형성의 예측불가능성을 너무 가볍게 간과하는 것이다.

그렇다면 복제인간의 동의가 없는 한 목적적 존재가 아니라 수단적 존재로 이용하고자 하는 모든 시도는 비윤리적인 행위로 간주될 수밖에 없다. 물론 지금과 달리 휴먼게놈 프로젝트와 포스트게놈 프로젝트가 완성되고 나아가 유전자 조작 기술까지 발전하여, 복제자가 원하는 유전자를 지닌 자녀를 마음대로 선택 생산할 수 있게 된다면 상황은 달라진다. 이렇게 되면 자녀 역시 상품화 내지 대상화될 개연성도 높아진다.

인간복제의 다른 측면을 보자. 인간복제는 자녀를 출생시켜 가족을 형성하는 사회적인 행위이다. 그렇기 때문에 우리는 인간복제가 가족 정체성에 어떤 윤리적 함의를 지니는지 묻지 않을 수 없다.[10] 양성생식을 통한 가족 형성 및 종족 보존은 인간의 의도적 결정이나 문화의 산물이 아니라 자연에 의해 확립된 것이다. 즉, 인간의 의도에 의해서가 아니라 자연과 우연의 결합에 의해 각 개인의 유전자형은 결정된 것이다.

월슨은 체외수정의 연장선상에서 양부모의 양육 책임을 전제로 한 경우 인간복제가 윤리적으로 허용될 수 있다고 주장한다. 왜냐하면 이러한 인간복제는 사회의 공동선인 결혼과 가족의 의미를 훼손시키지 않기 때문이다. 그러나 인간복제를 체외수정과 본질적으로 다른 생식형태로 평가하는 카스(L.R.Kass)는 결혼과 가족제도가 뿌리박고 있는 근본적인 토대인 성(sex)을 문제 삼고 있다. 즉, 이성간의 자연적인 성관계가 부모 됨의 존재론적 토대라고 보는 것인데, 이를 카스는 '성의 존재론(ontology of sex)'이라고 부른다.[11]

유전학적인 관점에서 보면 복제인간은 두 부모를 지니지 않는, 한 부모 자녀(a single-parent child)에 불과하다. 그래서 DNA를 제공한 부모가 아이에 대해 유전적 우선권을 지니고, 그렇지 않은 부모는 유전적 부모가 아니라 단지 사회학적인 부모에 불과하게 된다. 이로 인해 자녀에 대한 부모의 동등한 관계는 무너진다. 결국 인간복제는 부모자식 관계를 비롯한 지금까지의 가족관계가 근거하고 있는 생물학적 토대를 제거하고, 그 자리에 사회적 계약 내지는 '부모의 욕구'를 대신하고 있는 셈이다. 아니 엄밀히 말하면, 복제인간은 원본인간의 자식이 아니라 쌍둥이에 지나지 않는다.

이상적 인간상을 염두에 두고 의도적으로 인간을 복제한다면 자율적인 행위자로서의 복제인간의 도덕적 지위는 상당히 위축 받게 되고, 나아가 그 의도대로 살아야한다는 심리적 부담감을 크게 느낄 것이다.[12) 일부학자는 인간복제에는 이런 복제자의 의도가 전제되어 있기 때문에 본래적으로 전제적이라고 주장한다.[13) 정확히 말해 인간 존재는 '우리가 무엇인가(What we are)'에 의해 형성된다. 하지만 복제 출산의 경우, '우리가 무엇인가'가 아니라 '우리가 의도하고 계획하는 것이 무엇인가(what we intend and design)'에 의해 인간 존재가 이 세상에 태어나게 된다는 것이다.[14) 특별한 종류의 사람을 만들어내려는 목적으로 인간복제를 시도한다면, 우리는 분명 도덕적으로 이에 저항해야 한다.

2. 생식권과 생식의 자유

최근의 생식기술은 불임인 남자와 여자에게 많은 선택권을 안겨주고 있다. 간단한 기술차원에서 보면, 인공수정과 대리부모 기술의 발달이 그들의 불임 문제를 도와줄 수 있다. 좀 더 복잡한 고도의 기술 차원에서 보면, 정자와 난자 제공에 의한 체외수정(IVF)과 복제가 멀지 않은 장래에 가능하게 될 것이다. 덧붙여서 이러한 기술들을 활용하여 '자기 자신의 아이'를 가지고 싶은 부부는 최소한 한 사람 이상의 유전 형질과 관련해서, 임신전이나 혹은 착상 전에 유전적인 분류와 탐색을 활용하여, 태어날 아기의 형질들을 통제하는 것이 가능하게 된다. 더구나 이러한 기술들은 최근 선천적인 유전적 결함이나 신진대사 장애를 식별해 내는데 이미 사용되고 있다. 그러므로 이 유전적 기술과 생식 기술을 활용하면 '부모 지망생'들은 자신의 아기에게 긍정적인 생물적 형질들을 부여할 수 있게 된다.[15)]

따라서 아기를 갖는 인간 능력의 한계점이나 그들이 원하는 아기를 갖는가의 여부는, 이제는 더 이상 생물학적 운명의 문제가 아니라 기술의 간여와 개인적 선택의 문제로 다루어야 할 것이다. 다시 말하면, 어떤 사람들에게는 이 기술이 개인적 생식의 다양하고 광범위한 선택의 메뉴로 즐거움을 선사할 수 있겠지만, 또 다른 부류의 사람들에게는 개인적이고 사회적인 비용이 걸림돌이 될 것이다.

그렇다면, 이러한 기술들, 즉 체외수정, 냉동배아, 복제 등의 기술들은 철학적, 심리학적 해로움을 초래할 것인가? 계약임신과 같은 고품격의 부모배치가 전통적 가족과 혈통 개념에 어떤 영향을 줄 것인가? 그리고 이러한 유전자 탐색을 통한 '질의 통제(quality control)'가 함축하는 것은 우리 사회의 무능력 계층의 지위에 어떤 영향을 줄 것인가? 우리는 이러한 물음들에 대답해야만 하는 당면한 과제를 가지고 있다.

그런데 이러한 생식 기술에서 우리가 간과하기 쉬운 측면이 있다. 그것은 바로 '생식권(right to reproduce)'에 관한 것이다. 대부분의 사람들에게 있어서 아이를 갖는다는 것은 '이론 이전'의 문제이며 '자연스럽게 따라오는' 일에 불과하다. 이 문제에 관한 아주 자연스러운 경로는, 바로 생식의 소망은 한 쌍의 부부가 자신의 사랑의 행위 뒤에 자연스럽게 따라오는 새로운 생명체의 추구와 연결되어 있다는 것이다. 아이를 갖는다는 것은 부부가 그들의 DNA를 공유하는 것이고, 그들의 가치를 이어가는 것이며, 미래사회의 삶을 연결시켜 주는 것이다. 사후세계를 믿지 않는 사람들에게 있어서조차 아이의 탄생은 '불멸의 모조품'으로서의 가치를 지닌다.

또한 많은 여성들은 생식을 잉태와 출산으로 이어지는 아주 사적이고 풍부한 경험의 수단으로 생각한다. 또 다른 부류의 여성들은 출산을 아이의 양육과 그들과의 깊고 지속적인 관계 형성으로 이해한다. 앞의 부류에게 생식은 '자기 자신의 아이'라는 점에 주안점이 있다면, 뒤의 부류에게는 사랑과 양육의 대상으로서의 의미가 더 강조될 것이다. 어느 쪽이 되었든지 자녀를 갖는다는 것은, 이제는 더 이상 그들이 그들 부모의 자녀들이 아니라, 사회구성원으로서 결정하고 양육에 참가해야 하는 어른이라는 것을 의미한다.[16] 이 말은 다시 정리하면, 생식과 출산을 통하여서 한 개인은 자신의 정체성과 자기성취, 자존감의 성취와 유지, 그리고 자신의 삶의 의미를 이해하고 만들어가는 일에 적극적이고 생생하게 참여한다는 것이다.[17]

나아가 이러한 참여과정은 사회의 관습과 법에 의해서 기본적인 보호막을 구성하고 있다. 자녀를 갖는다는 욕구, 특별히 '나 자신'의 아이를 갖는다는 욕구는 보편적이고 절대적으로 존중되어야 마땅하다. 그런데 다른 문제도 있다. 거의 절대적으로 '부정적 생식권(negative reproductive rights)'을 행사하는 사람들도 제법 많다. 부정적 생식권이란 아이를 갖지 않을 권리를 의미한다. 이들은 피임이나 낙태 등을 도구로 아이를 갖지 않을 권리를 행사해 왔다. 그것이 바람직하고 않고를 떠나서 우리는 사회구성원으로서의 그들의 권리를 인정하지 않을 수 없다.

만약 이들의 삶에 생식 기술이 파고든다면 어떤 결과가 초래될 것인가? 그리고 이 생식 기술이 국가나 사회에 의하여 집행된다면 부정적 생식권과의 충돌 문제를 피할 수 없게 될 것이다.[18] 게다가 출산이나 생식을 '자연스러운' 결과로만 시인할 수 있는 많은 사람들은 인공적으로 시도되는 생식 능력에 관하여 양심의 가책을 가질 것이며, 그렇게 하여 만들어진 아이의 가계도상의 위치에 대하여 혼란을 가지게 될 것이다.

법학자이자 생명윤리학자인 존 로베르슨(John Robertson)은 개인적 의미와 존엄성과 정체성의 발전에 있어서, 생식의 중요성이 거의 절대적인 생식권을 불러 일으켰다고 주장한다. 그는 양쪽을 다 고려한 다양한 생각들-일테면 전통적 도덕에의 위협, 여성의 지위, 자녀의 건강한 삶 같은-을 고려하였고 이러한 모든 가정들에 직면하여 그의 논의를 전개하였다.[19]

먼저 생식 자유에 대한 반대로는 로마 카톨릭 교회의 공식 이론인 '자연법(natural law: Congregation for the Doctrine of the Faith, 1987)'이 있다. 이는 잘 알려져 있듯이, 모든 성행위는 반드시 생식을 향해 열려 있어야 한다는 주장을 거스르는 산아제한에 관한, 공식적인 카톨릭 교회의 반대 입장이다. 다른 말로 하면, 소위 성행위의 '통합적' 기능-일테면 합일을 통한 심리적이고 영적인 유익-은 결코 생식과 분리되어서는 안 된다는 것이다. 왜냐하면 인공적인 산아제한은 이러한 합일적이고 생식적인 성행위의 주요한 두 가지 기능을 파열시키며, 나아가 생식 없는 성행위마저도 가능하게 만들기 때문이다. 따라서 로마 카톨릭 교회의 공식적 입장은 이러한 성행위를 자연을 거스른 것이며 비도덕적이라고 주장한다.

두 번째로 여성론자들의 반대가 있다. 여성론자들 중에는 우리 문화가 고압적인 사회조정 효과에 기여하는 획일적인 '인구증가 찬성론자(pro-natalist)'의 편을 들기 보다는, 인간의 의미와 정체성에 대하여 보다 진지해져야 한다고 주장한다. 이러한 비판에 따르면, 한계 지을 수 없는 생식의 자유, 특별히 인공생식의 영역은 소위 '부모 처방(parental prescription)'의 토대에 저항한 무신론으로 보인다는 것이다.

다른 여성론자들은 모성의 경험까지도 형성시키고 파손시킬 수 있는 생식 기술에 반대한다. 이들이 말하는 모성의 경험은 생물학적 모성, 수태의 모성, 양육의 모성 모두를 포함하는 것인데, 이러한 모성들이 남성들의 기술적 통제 하에 들어가게 된다는 것이다. 그렇기는 하지만 이러한 비판들은 일반적으로 카톨릭 교회의 여성에 관한 가르침에 관해 호전적이다. 그들은 교회가 사물에 대해 규정한 자연적이거나 생물학적인 질서를 간섭이라는 혐의의 눈초리로 바라본다.[20]

여성론자들이 생식기술을 반대하는 세 번째 이유는 이 기술에 의해 여성들에게 육체적이고 심리적인 위험이 부과된다는 것이다. 예를 들면, 체외수정은 '과도한 배란'을 촉진하는 강력한 약품의 복용이 필수적인데, 이를 통해 임상의들은 자궁 내에서 즉각적으로 착상하거나, 후일을 위해 냉동시킬 많은 양의 난자를 얻어내어 수정시킬 수 있게 된다. 최근 이러한 약품들이 충분히 안전하다고 생각되기는 하지만, 장기적으로 여성의 몸에 어떤 영향을 줄지는 아무도 알 수 없다.[21] 이러한 여성론자들의 반대는 여성의 신체와 정신에 미치는 개인적인 잠재적 해로움이 생각보다 심각할 것이라는 데서 연유한다. 모든 임상적 시도는 가능한 가장 안전한 방법으로 이루어져야 한다는 것이다.

앞서 언급한 종교적이고 여성학적인 반대 뿐만 아니라 미래의 자녀에게 미치는 해로움도 있다. 잠재적인 심리적 위험요소로서는 대리모에게서 태어난 아이들이 자신은 버려졌다는 느낌을 가질 수 있다는 것이다. 또는 복제된 아이들이 '나는 원본 인간의 단순한 복사판'이라고 생각할 위험도 있다. 부모를 지망하는 사람이라면 이러한 위험에 대처하고 책임감 있는 행동을 해야 한다.

이제까지 생식 기술에 관한 몇 가지 반대 입장을 살펴보았다. 이제

이 기술이 야기할 수 있는 좀 더 복잡하고 난감한 경우들을 지적하고자 하는데 다음과 같은 경우들이다. 첫째, 결혼한 부부사이에서 수정에 필요한 생식체를 구하지 못하는 경우이다. 둘째, 후일에 사용하려고 보관하는 냉동 배아 문제로서 이것은 상대 배우자의 기증과 이에 따른 착상을 포함한다. 셋째, 상업적으로 보수를 받고 아이를 잉태하는 '대리모'의 사용이다. 넷째, 다양한 부정적 특성을 지닌 아이의 출생을 방지하기 위한 착상 전 유전자 탐색이다. 마지막으로 바람직한 유전자 특성을 가진 생식체를 만들어내는 줄기세포와 복제 기술이다.

로베르슨이 주장한 타인의 명백한 관심에 근원적인 해로움을 주지 않고 무제한으로 생식 기술을 누린다는 원칙은, '완벽한 아이'의 제공이 상업적이고 도구화될 때 상당히 많은 문제들을 초래할 수 있다. 물론 생식 기술의 혁신이 수많은 사람들과 부부들에게 그들의 불임의 한계를 극복하게 해 줌으로써 세상에 많은 즐거움과 만족을 선사해 준 것은 사실이다. 생식의 욕구는 개인의 자아정체감과 양질의 삶에 밀접하게 관련되어 있기 때문에, '자연적인 것'이라든지 '가족의 가치들' 과 같은 편협한 시각에 엄격하게 제한될 필요는 없다.

그러나 다른 한편으로는 생식 기술을 사용하는 데 있어서 이 결정이 태어날 아이에게 야기시킬 책임들을 다시 한 번 상기하는 것은, 우리가 사는 세계에 초래될 수 있는 심각한 손상을 미연에 방지하는 것이 될 것이다. 그리고 이러한 책임감은 생식과 출산이 단순히 자기결정이나 자기정의와 같은 '개인적' 의미에 국한되는 것은 아니라는 것을 인지하는 것이다. 그것은 오히려, 다른 또 하나의 인간을 실존하게끔 하는 결정이며, 미래의 아이가 어떤 삶을 영위할지에 관한 진지한 책임을 지는 결정이어야 한다.

우리는 이미 생식 기술의 활용이 아이들과 여성들의 인격과 존엄성에 얼마나 심각한 위협을 줄 수 있는지를 살펴보았다. 사회정책을 넘어서는 이러한 도덕적 숙고의 방식은 이러한 위협을 단순히 자동적으로 차단하는 것이 아니라, 명확히 지금 드러나는 위험에 대해 개인적이고 사회적으로 대응하는 것이다. 이러한 위협이 주장하는 진짜 위험성은 오랜 시간 아주 서서히 시장의 결정적인 '점잖지 않은 덕목들(ungentle virtues)'에 지각도 못하는 사이에 압도될 것이라는 데에 있다.

3. 대리모 찬반논쟁

대리모란 남녀 배우자 중 한쪽 혹은 양쪽의 신체적 결함으로 임신과 출산이 불가능한 경우에 이 부부와의 계약에 의하여 아이를 잉태하는 여성을 뜻한다. 대리모 역할은 전형적으로 세 사람의 협력과 합작에 의해서 이루어진다. 이 세 사람은 불임부부(의뢰부모 ; intended parents)와 대리모(surrogate mother)이다.

대리모에는 두 가지 기본적인 유형이 있는데, 전통적 대리모(traditional surrogacy)와 수태 대리모(gestational surrogacy)이다.[22] 전통적 대리모의 경우는 대리모 자신의 난자를 사용하여 체외수정을 하고 대리모의 자궁에 수정란을 착상시켜 아이를 임신하게 하는 경우이다. 이 때 대리모는 태어나는 아이의 유전적 엄마인 동시에 수태한 엄마이지만, 아이가 태어나면 이 모든 권리를 포기하고 의뢰모(intended mother)에게 이 아이를 인도한다. 이 경우에 의뢰부(intended father)는 아이의 유전학적 아버지이지만 의뢰모는 아이와 유전적으로 무관하다. 이렇게 태어나는 아이는 생물학적 아버지와 의뢰모, 그리고 생물학적인 동시에 수태한 어머니라는 세 가지 종류의 부모를 갖게 된다.

수태 대리모의 경우는 두 가지로 나눌 수 있다. 첫째는 의뢰한 부부 모두 아이와 유전적 관계를 갖는 경우로서, 대리모는 이들 부부의 체외수정된 배아를 단순히 수태하기만 하는 것이다. 이 경우 태어난 아이는 생물학적 아버지와 생물학적 어머니, 그리고 수태한 어머니라는 세 종류의 부모를 갖는다. 둘째 경우는 의뢰부부가 대리모에게 그들이 입양한 배아를 9달 간 수태해 주기만을 원하는 것이다. 즉 이 불임부부가 각각 정자와 난자를 구하여 이 정자와 난자를 체외수정하여 대리모의 자궁에 착상시키는 것이다. 이 경우는 의뢰부부와 대리모 모두 태어날 아이와 유전적 연관이 전혀 없다. 하지만 이렇게 하여 출생한 아이는 생물학적 아버지(정자 제공자)와 생물학적 어머니(난자 제공자), 의뢰부모, 그리고 수태한 어머니, 이렇게 모두 다섯 명의 부모를 가지게 된다.

한편 경우에 따라서는 결혼하지 않은 커플들(동성애 혹은 이성애 커플)이나 임신으로 인해 자신들의 삶에 방해가 안 되기를 원하는 결혼한 커플들, 또는 독신남이나 독신녀들도 대리모 서비스를 원할 수 있다. 그러나 대리모업(surrogate motherhood)을 알선하는 많은 센터들은 자신들의 서비스를 결혼한 이성애 불임부부에 제한하고 있는 실정이다. 또한 대리모는 상업적으로, 혹은 비상업적으로 이루어지는데, 무상인 경우에는 불임부구의 가까운 친척이나 친구에 의해 이루어지기도 한다.

일본에서 아이를 낳지 못하는 딸을 대신해 50대 어머니가 대리모로 출산한 사실이 뒤늦게 확인되었는데, 나가노현의 한 50대 여성은 2004년 딸이 자궁 적출 수술로 출산이 불가능해지자 대리모를 자처, 딸의 난자와 사위의 정자를 사용해 체외수정을 통해 병원에서 아이를 출산했다. 또한 태어난 아이는 50대 여성의 아이로 입적된 뒤 딸 부부에게 양자 형태로 옮겨져 양육되고 있다.[23]

이러한 대리모에 관한 찬반논쟁은 치열하다. 전통적인 철학적 관점이나 여성학적 관점에서 이 논쟁은 가열되고 있으며, 특별히 비상업적인 경우보다는 상업적인 경우가 더 많은 논의를 불러일으키고 있다. 먼저, 대리모에 관한 반대논리를 주장하는 사람들이 내세우는 논리는 다음과 같다.

첫째, 대리모가 임신에 위험한 요소들을 가지고 있는 경우이다. 일테면, 흡연이나 낮은 소득, 그리고 결혼하지 않은 경우이다. 이 경우 대리모의 자격에 관한 철저한 탐색이 선행되어야 할 것이다.

둘째, 대리모를 통한 인간 생식과정이 가족관계를 약화시킬 수 있다는 것이다. 경우에 따라서는 의뢰부가 대리모와 정신적이거나 육체적인 부적절한 관계를 가지거나 심지어는 대리모가 태어날 아이의 '진짜' 엄마라고 간주하고 그렇게 행동할 수도 있다.

셋째, 여성론자들의 관점에서 볼 때, 여성이 대리모가 될 수 있다는 것은 여성 전체를 대상화, 도구화할 위험성을 지닌다. 여성이 단지 태아 컨테이너나 대여용 자궁, 생식기계 등으로 간주될 수 있다는 것이다.

넷째, 사회학자들 또한 다음과 같은 두 가지 이유로 대리모를 반대한다. 먼저, 대리모는 여성의 계층화를 심화시킬 수 있다. 부유한 여성들은 그들의 다양한 필요에 맞추려고 가난한 여성들을 고용할 수 있다. 그 다양한 필요들이란 말하자면, 임신을 대행해 줄 필요(난자 제공), 출산을 대행해 줄 필요(자궁 제공), 또는 양육을 대신해 줄 필요(노동력 제공) 등이다. 따라서 이러한 대리모를 활용한 생식 기술이 계속 진행된다면, 여성들은 생물학적(유전적) 어머니들, 수태하는 어머니들, 양육하는 어머니들의 3개의 그룹으로 나누어지게 될 것이라고 그들은 주장한다.

나아가 다음과 같은 아주 심각한 문제들도 발생할 수 있다. 대리모가 아이를 포기하기를 거부하는 경우, 대리 임신에 의해 태어난 아이가 자신의 생물학적 아버지(정자 제공자)나 혹은 생물학적 어머니(난자 제공자)를 찾아 나서는 경우, 그리고 독신녀가 카탈로그를 통해 정자 제공자를 선택하여 자신의 아이를 갖는 경우, 또한 이제까지는 고아원을 통해 아이를 입양해 왔던 불임부부들이 더 이상 이러한 방식을 취하지 않고 정자와 난자, 대리모를 구하는 방식의 생식 기술을 활용하는 것과 같은 다양한 문제들이다.

한편으로는 대리모를 옹호하는 입장 또한 존재한다. 대리모를 지지하는 사람들은 대리모를 통해 태어난 아이들이 어떤 면에서든지 해로운 점이 있을 것이라는 우려는 근거가 없다고 말한다. 예를 들면 생식권을 전문적으로 다루고 있는 법률가 로리 앤드류(Lori Andrew)는 대리모들을 인터뷰하였는데, 그녀가 인터뷰한 대리모들은 그들 자신에 관하여 말하기를, 그들이 상당히 세심하게 대리모 역할을 수행하고 있으며, 누군가의 아이를 수태하고 있기 때문에 평소보다 더 조심스럽게 자기 자신을 관찰하고 있다고 대답하였다고 밝히고 있다.[24]

더군다나 앤드류는 보통 부부들이 아이를 가질 때에도 자신들을 의학적이거나 심리학적으로 검사하지 않는 것이 일반적이므로, 공동제작의 생식 과정에 있어서도 대리모의 어버이로서의 적합성을 검사하는 것은 공평하지 못하다고 주장한다. 아주 드문 경우에 태어난 아이가 대리모와 법적 부모 모두에게 다 거절당한 경우도 있고,[25] 또 반대로 대리모가 아이를 포기하지 않아 솔로몬의 심판처럼 곤란한 경우가 발생한 적도 있지만, 일반적으로는 모든 것이 순조롭게 진행되고 축복 속에 태어난 아이는 평화로운 가정으로 인도된다고 본다.

나아가 아주 드문 경우에만 의뢰부부나 대리모, 그리고 대리모의 가족들이 대리모행위 때문에 피해를 입는다고 보았다. 반대로, 그들은 이 삼자 모두 이 일로 인하여 이로움이 있었다고 본다. 물론 가장 주요한 이득은 결함으로 인하여 자신의 아이를 가질 수 없는 의뢰부부가 가지는 것이었다. 하지만 대리모도 그들이 얻는 경제적 이익과 안정이 있었다. 또한 대부분의 대리모들은 아이를 법적 부모에게 양도하는 데 그다지 어려움을 느끼지 않는다고 보고되었다. 또한 대리모 자신의 자녀들도 그들의 엄마가 임신한 아이를 넘겨주지 않을 속셈이 있다고 생각하지는 않았고, 오히려 자신의 어머니가 아이가 없는 가족을 돕는 일을 하는데 자부심을 가지는 것으로 나타났다는 것이다.

대리모를 옹호하는 입장에서는 또한 여성들의 계층화 문제에 관한 해답도 가지고 있다. 즉 대리모업을 통하여 여성들은 서로 상대방의 입장을 이해하면서 더욱 가까워질 수 있다는 점이다. 오히려 이것을 긍정적인 '변형 효과(transformative effects)'라고 하기도 하는데, 예를 들면 2천 쌍 이상의 부부와 2천 명 이상의 대리모를 대상으로 한 연구에서 심리학자 힐러리 해너핀(Hilary Hanafin)은 다음과 같은 결과를 도출하였다. 대체로 일하는 여성인 경우가 많은 의뢰모들은 대리모로부터 아이의 양육에 관하여 배우게 되고, 가족을 가지게 되면서 자신의 사회적 경력을 덜 중시하게 된다는 것이다. 또한 대리모의 경우는 의뢰모들의 모습을 통하여 그들의 사회적 경험의 지평을 넓히게 된다고 한다.26)

하지만 이러한 옹호론에도 불구하고 대리모업이 자본주의의 상업화에 지나치게 노출될 경우에 발생할 수 있는 심각한 문제는 반드시 고려되어야 한다. 인공수정을 통해 만들어진 아이를 계약에 의해 9개월 동안 임신하고 있다가, 기간이 만료되어 돈을 받고 그 아이를 계약당사자인 부부에게 넘겨 준 대리모의 경우를 보자. 몇몇 자유주의 여성론자들은 이러한 자유가 개인적이고 신체적인 자율권 행사의 유익함에 지나지 않는다고 주장할지 모른다. 그러나 다른 사람들—많은 여성론자들도 이에 포함될 것이다—은 이것을 가족관계에 시장 논리가 잠식해 들어오는 것이라고 경고할 것이다.

이러한 비판은 생식의 상업화와 친권의 매각이 여성과 아이들의 인격, 그리고 가정생활의 활성화를 위한 사회적 조건의 참된 권리를 서서히 해쳐 들어오는 것이라는 데 연유한다.27) 이 관점에 의하면 일반적인 대리모 계약은 여성으로 하여금 자기 후손을 향한 그들의 강한 모성본능을 부인하게끔 만들며, 아이들에게는 다양한 개성이 지니는 인격성이 금전적 가치들 때문에 평가절하 되게 만들며, 가족관계라는 '더 고상한

미덕들'이 '시장의 엄격한 논리'에 의해 밀려나게 만드는 것이다.

이에 덧붙인다면, 많은 여성론자들은 임신의 가치와 의미를 시장논리에 완전히 종속시키는 대리모계약에 강한 비판을 가한다. 그들은 임신과 출산의 경험이 여성을 진정한 어머니로 만들기 때문에, 법과 시장질서가 이러한 고귀한 여성의 모성을 침해하면 안 된다고 말한다.[28] 이러한 시각에서 본다면, 진정한 자유란 최고가격을 부르는 입찰자에게 단순히 자신의 생식 능력을 팔아넘기는 능력 이상의 것을 의미한다.

이제까지 대리모업의 경우와 대리모에 관한 학자들의 찬반 논쟁을 살펴보았다. 대리모는 많은 개인적, 윤리적, 법적, 의학적, 사회적 도전에 직면하여 있다. 그 활용의 복잡성은 이 일의 이점과 해로움을 충분히 알지 못하는 경우 더욱 혼란스러워질 것이다. 또한 무엇보다도 중요한 것은 이렇게 하여 태어날 아이의 삶의 질이 충분히 고려되어야 할 것이다.

Ⅱ. 과학기술 발달과 그의 딜레마

1. 정보화와 익명의 사회

유사 이래 인류는 그들의 생활과 환경의 운명에 영향을 미친 3가지 중요한 혁명을 경험하였다. 농업혁명, 산업혁명, 정보혁명이 그것이다. 오늘의 정보화 시대는 몇 가지 가치를 요구하고 있는데 그 중 가장 대표적인 것이 열린 사고이다. 정보화로 지구가 더욱 작은 지역으로 변했지만 성, 지역, 인종, 문화의 차이는 여전히 존재한다. 열린 사고는 서로 다른 차이를 가진 사람들이 함께 연대해가는 사고이다. 따라서 이러한 차이를 관용해야 하며 이 차이가 차별로 연결되지 않을 때 사회발전은 가능하다. 이러한 정보화시대는 다른 시대와는 다른 몇 가지 특징을 지니는데 첫째는 개방화이고 둘째는 통합사회이며 셋째는 인본주의사회이다. 정보화시대의 세계인은 초고속정보도로망을 통해 시공간의 장벽을 뛰어넘어 교류와 정보교환이 가능해졌다.

정보기술의 발달과 함께 최근 한국사회도 급속히 변화하고 있다. 휴대전화와 인터넷의 보급률이 급증하여 무선 인터넷 가입비율 세계 1위의 정보강국이 되어있다.[29] 우리나라는 3세대(G) 이동통신 방식을 포함한 무선 초고속 인터넷 가입자 비율에서 세계 1위를 차지했다. 인구 100명당 무선 초고속 인터넷 가입자 수는 한국이 26명으로 가장 많았으며 이탈리아(18명), 일본(14명), 포르투칼(9명), 홍콩(8명) 등이 뒤를 이었다.

<국가정보화백서>에 따르면 우리나라의 전체 국가정보화 순위는 2005년 이후 3년 연속 세계 3위를 지켰다. 세부 평가 항목에선 초고속 인터넷 가입가구와 케이블TV 가입가구 비율에서도 1위를 기록했다. 그 외 평가항목에서는 PC보유 비율 17위, TV보유 비율 31위, 이동전화 가입자 비율 29위, 유선전화 회선 가입 비율 11위, 인터넷 이용자 비율 5위 등을 각각 기록했다.

한국사회는 한편으로는 정보화의 혜택을 입고 있고 다른 한편으로는 정보화의 폐해도 적지 않아 정보사회의 명암이 엇갈리고 있는 형편이다. 그 사례들을 살펴보면 다음과 같다. 보건서비스를 안방에서 받을 수 있는 시대가 도래하고 있다. 2007년에 추진되는 보건의료와 U-IT 신기술이 접목된 U-헬스 서비스 주요 사업은 맞춤형 복지서비스로서, 병원선 및 진료차량을 활용, 도서 및 격오지 지역의 공공의료복지 서비스 수준을 향상하기 위한 '도시·농어촌 복합형 U-헬스캐어시스템 구축

사업(충남)', 응급차와 응급의료기관간 실시간 데이터 연동 및 원격 의료지도 등을 위한 'U-응급의료서비스 및 U-방문간호를 위한 인프라구축 사업(부산)' 등이다.[30]

또한 정보통신부와 한국정보사회진흥원은 10월부터 휴대전화로 세금을 내고 입장권을 살 수 있는 'U-페이먼트(Payment)'의 실현을 위해 10일 시범사업 착수 보고회를 개최했다고 밝혔다. 문화재 관람 예약 및 결제 서비스는 문화재청과 함께 경복궁, 덕수궁 등 5개 궁과 광릉, 태릉 등 14개 능에 U-페이먼트 인프라를 구축해 대기시간 없이 바로 들어갈 수 있는 입장권 발급과 휴대전화를 통한 문화재 정보 서비스를 제공한다.[31]

하지만 스팸전화, 특히 '원링(One-Ring) 스팸', '문자 스팸', '보이스 피싱(전화금융사기)'까지 정보화의 그림자도 만만치 않은 실정이다.[32] 이처럼 인터넷은 짧은 역사에도 불구하고 남녀노소, 시공을 초월해 언제 어느 때나 원하는 정보를 공유할 수 있다는 장점을 토대로 정보 공유의 평등성과 함께 많은 순기능을 제공하고 있다. 그러나 순기능 못지 않게 음란 사이트의 범람, 악성 댓글, 인터넷 중독, 사이버 테러, 해킹, 그리고 바이러스 유포 등 역기능 또한 심각해 새로운 사회 문제를 야기하고 있다.

삶의 주요 활동이 정보의 생산, 유통, 소비와의 밀접한 관련 속에서 이루어지고, 정보가 사회적, 정치적, 경제적 차원의 유력한 자원이 되는 사회를 정보사회라고 한다면, 우리의 현재와 가까운 미래를 정보사회로 규정하는 것은 별 이의가 없는 듯하다. 그러나 이러한 정보 기술의 급격한 확산과 활용은 우리가 주목할 만한 윤리적 문제를 야기하고 있다.

정보 기술에 의해 지배되는 정보 사회는 우리에게 이중적인 윤리적 도전을 제기하고 있다. 하나는 컴퓨터 하드웨어와 소프트웨어 그리고 네트워크를 포함하여 정보를 처리하는 기술의 적절한 배치와 관련된 문제이고, 다른 하나는 정보의 관리와 통제에 관한 문제이다. 이 두 가지 도전과 관련하여 지적 재산권이나 프라이버시 침해와 같은 문제에서부터 정보격차에 이르기까지 다양한 윤리적 문제들이 우리를 괴롭히고 있다.

정보사회에서 나타나는 여러 가지 긍정적, 부정적 변화의 핵심에는 정보기술이 자리 잡고 있지만, 이 문제는 근본적으로 과학기술이 아닌 윤리나 도덕의 차원에서 논의되어야 한다. 이는 정보기술이 어떤 목적으로 어떻게 이용되어야 하는지를 결정하는 인간의 가치체계에 근본적으로 관련되기 때문이다. 따라서 정보사회가 당면한 시급한 윤리적 과제는 정보기술을 단순히 소비하고 활용하는 차원을 넘어서서, 정보 기술 발전의 내용과 방향 속도 등에 주체적으로 관여할 수 있는 가치체계를 확립하는 것이다.

'정보윤리(Information Ethics)'는 의료윤리, 환경윤리 등과 같은 응용윤리학의 한 분과영역이다. 응용윤리학의 목적은 개인적 혹은 사회적 문제들이 발생했을 때, 그 문제의 본질과 해결책의 옳고 그름과 좋고 나쁨, 그리고 바람직함과 그렇지 않음의 기준을 탐구하고자 하는 것이다. 문제 상황에서 어떠한 일이 발생했을 때, 그것이 옳은 일인지 잘못된 일인지를 판정하는 단계를 넘어서, 그러한 판단의 궁극적인 기준이 무엇인지 혹은 무엇이 되어야 하는지를 탐구하는 것이 곧 응용 윤리학의 임무이다.

정보기술의 발달은 책임주체문제와 관련하여 새로운 쟁점들을 제기한다. 가상공간의 가상자아가 책임의 주체인지의 여부와, 만일 가상자아가 책임의 주체라고 할 경우 현실공간의 실재자아와 차이가 있는지의 여부이다. 전자와 관련하여, 만일 가상공간이 규범을 필요로 한다면 가상자아도 책임의 주체가 된다고 할 수 있을 것이다. 가상공간의 활동 속에서는 어떤 사람의 행위가 다른 사람에게 영향을 미치고, 다른 사람의 행위 때문에 어떤 사람의 행위가 제약을 받기도 한다. 따라서 가상공간에서의 행위에 대해서도 누군가는 책임을 져야 하고, 가상공간에서도 행위의 규제는 필요하다.

만일 가상공간이 현실공간과 근본적인 차이가 없다고 한다면, 가상자아와 실재자아 간에는 책임과 관련한 본질적인 차이가 없을 것이다. 반면에 가상공간과 현실공간이 철저히 분리된다면 가상자아는 실재자아와 전혀 다른 맥락에서 책임이 논의될 것이다. 그러나 사실상 가상공간과 현실공간이 엄격히 분리되기는 불가능할 뿐만 아니라, 현실공간의 행위가 가상공간의 행위에 의해 영향을 받는다는 점에서, 현실공간의 규범과 가상공간의 규범이 근본적으로 다를 수는 없다. 즉 가상자아가 책임주체일 필요성이 있을 뿐 아니라 가상자아가 실재자아와 전적으로 분리되는 것이 불가능하다면, 가상자아는 실재자아와 다르지 않다. 이를 좀 더 정확하게 말하면 실재자아가 가상공간 활동에 대해 책임이 있음을 의미한다.[33]

이처럼 정보사회에서의 책임발생 영역은 정보기술의 발달로 인해 야기되는 주요 문제들의 차원에서 검토될 수 있는데, 그것은 프라이버시문제, 기술에의 접근가능성 문제, 표현의 자유문제, 그리고 정보의 질과 신뢰성 문제이다. 먼저 프라이버시문제를 살펴보면, 당사자의 동의 없이 불특정 다수에 의해 개인의 중요 정보가 수집·사용·교환됨으로써 프라이버시문제는 큰 쟁점이 되고 있다. 프라이버시가 인간에게 중요한 가치이고 이에 대한 권리가 존중되어야 한다는 것은 누구나 동의하는 일이다. 따라서 기본적으로 자신의 정보가 수집·사용·교환되는 것을 차단하거나 허용할 수 있도록 존중해줄 책임이 있다. 이것은 다양한 사람들에게 다양한 수준의 그리고 다양한 종류의 접근을 제공하는 사적인 상황들을 가능하게 만들어줄 것이다.[34]

기술에의 접근가능성에서 특히 주목할 필요가 있는 것은 정보격차이다. 정보격차의 원인으로는 개인별 교육수준과 경제력의 차이, 정보해

득력의 차이, 정보상품의 집중화 등이 지적되고 있다.[35] 개인적인 차원에서 보면, 정보를 습득, 활용하는 것이 개인의 정치적, 경제적 능력을 결정하는데 매우 큰 역할을 하기 때문에, 정보가 독점되면 양질의 삶을 사는데 큰 위협을 받을 수 있다. 따라서 정보격차의 원인을 해소하려는 노력을 해야 한다. 하지만 기술에의 접근가능성 문제의 경우는 근본적으로 집단적 수준의 책임이 요구된다. 정보기술 접근성의 불평등은 사회 분열을 야기하고 계층 간의 격차를 심화시킬 수 있을 뿐만 아니라, 국가 경쟁력과도 밀접히 관련되어 있기 때문이다. 따라서 정보격차를 야기하는 원인들과 이 원인들의 근저에 깔린 근본적인 장애는 그것을 해결하기 위한 집단적 노력의 책임이 있다.

한편 정보기술의 발달과 함께 야기되는 재산권문제는 주로 인터넷상에서의 지적재산권 문제에 집중된다. 그런데 지적 재산권 문제는 지적 재산의 이용이 배타적이지 않을 수 없다는 점, 사적인 이용과 공적인 이용의 구분이 애매하다는 점, 그리고 지적 재산의 침해와 자유로운 표현과 생각의 교환을 규정하기 어렵다는 점 등으로 인해 매우 복잡한 문제가 되고 있다.

우선 저작자의 권리를 보호할 방안을 모색하기에 앞서, 저작권법을 제정한 입법취지와 지적재산권을 보호해야 한다는 주장의 바탕에 깔린 도덕적 동기를 먼저 고려할 필요가 있다. 저작권법을 제정하여 그 지적 재산권에 대한 권리를 보장하려는 까닭은, 저자나 재산권자의 이익을 도모하기 위해서가 아니라, 더 많은 이용과 혜택을 확산시킬 수 있는 환경을 만들고자 하는 것이었다.

이는 특허법의 제정 목적이 기술을 비밀주의로 보호하고자 함이 아니라, 더 많은 이익을 위해 기술 공개를 유도하기 위함이었음을 생각해 보면 쉽게 이해가 된다. 특허를 출원하기 위해서는 반드시 특허의 독창적 내용을 상세히 기술한 '특허명세서'가 있어야 하며, 공공의 이익을 위해 급박한 경우에는 그 특허내용을 국가가 '강제실시' 할 수 있는 권한을 보장한 것도, 모두 이러한 맥락에서 이해되어야 한다.[36]

정보기술의 발달과 함께 발생하는 음란한 표현, 폭력적 표현, 증오적 표현, 익명의 표현, 스팸 같은 원치 않는 표현 등은 표현의 자유에 대해 심각한 고민을 불러일으킨다. 매우 폭 넓은 이용자층을 가지고 있을 뿐 아니라 이들 중 상당수가 문제 표현들에 매우 취약한 층으로 구성된 가상공간에서, 이러한 표현들은 보다 심각한 결과를 야기할 수 있다. 이것들은 공익을 해칠 위험이 있으며, 여타의 기본적인 권리, 예컨대 프라이버시권이나 지적 재산권을 침해할 수 있다. 따라서 표현의 자유가 다른 모든 권리에 우선해서 추구되어야 하는 유일하고 최상의 가치는 아니라는 인식과 함께, 표현의 형태에 있어서도 그 차이를 인정하고, 규제해야 하는 표현 형태를 가려내야 할 필요가 있다.

정보기술의 발달이 야기하는 변화는 특히 그 범위와 속도면에서 다른 기술의 발달이 야기하는 변화와 구별된다. 정보기술의 발달로 인한 변화는 매우 포괄적이어서 우리 삶에 미치는 영향이 지대한 반면에, 그 변화는 너무도 급격해서 우리는 변화를 쫓아가기에 급급하여 자주 윤리적 지체가 발생하곤 한다. 이런 상황에서 우리는 책임 있는 사람으로서의 자신의 책임을 진지하게 받아들이고 이 책임을 완수하고자 노력하며, 자신의 행위를 인한 책임을 걸머질 수 있어야 한다.

어떻게 해야 우리가 책임 있는 사람이 되고 자신의 행위에 책임을 지는 자세를 갖게 되는지를 설명하기는 어렵다. 그러나 이 물음은 우리가 인간으로 태어나서 인간사회에 산다는 자각에서 근본적으로 비롯될 것이다. 왜냐하면 이러한 자각은 우리가 도덕적 관점을 채택하도록 이끌어줄 것이기 때문이다. 그밖에 형식적, 비형식적인 다양한 형태의 교육도 우리가 도덕적 관점을 채택하고 그리하여 책임을 질 수 있게 하는데 도움이 될 것이다.[37]

2. 안락사와 자살방조

안락사와 자살방조의 다양한 형태에 관한 도덕적이고 법적인 적절한 조치는 심각한 철학적 토론의 초점 뿐 아니라 공적이고 정치적인 논쟁거리가 되어 왔다. 따라서 이러한 민감한 윤리적 이슈들을 해결하기 위하여 가장 중요한 논의거리가 무엇인가를 살펴보는 것은 중요하다.

안락사(euthanasia)는 희랍어 'eu(well)'과 'thanatos(death)'의 합성어로서 수월하고 편안한 죽음, 아름답고 좋은 죽음을 의미한다. 이는 심한 고통이 없는 편안한 죽음을 맞이하기를 원하는 고대희랍인들의 이상이라 할 수 있다. 그러므로 안락사는 회복될 수 없거나 불치의 병으로 고통 받는 환자를 고통에서 벗어나게 하기 위하여 환자의 죽음을 유발하거나 허용하는 관행이나 행위를 의미한다.[38]

안락사는 동서양을 막론하고 오래 전부터 시행되어 왔으며, 그 허용 여부에 관한 논란은 고대 그리스시대로 거슬러 올라간다. 고대 스파르타나 희랍에서는 기형아나 지능이 낮은 아이들을 도태시키기 위하여 기아(棄兒)의 형식으로 안락사 시켰으며 고대 로마에서는 기형아는 출생 후 즉시 죽이는 것을 법률로 허가하기까지 하였다.[39]

이처럼 안락사는 어떤 사람이 감당할 수 없는 혼수상태나 최소한 더 이상 나빠질 수 없는 상황에 있다고 판단될 때, 즉 죽음보다 더 나쁜 상황에 처했다고 믿어질 때 의도적으로 죽이거나 죽도록 두는 행위라고 정의할 수 있다. 하지만, 안락사가 이루어지는 경우마다 윤리적인 측면에서 문제를 내포하기도 하며, 안락사 자체에 대해서도 찬반여론이 분분하다.

안락사를 바라보는 두 가지 관점이 있다. 하나는 안락사를 자발성 여부로 나누는 것인데, 세 가지로 나눈다. 자발적인 안락사와 비자발적인 안락사, 그리고 비의지적인 안락사이다. 고통을 당하는 사람이 원하는 경우는 자발적 안락사(voluntary euthanasia)라고 하고, 당사자가 자신이 원하는 것을 표현할 능력이 없는 경우는 비자발적 안락사(non-voluntary euthanasia)라 한다. 이 경우는 유아나 의식불명의 환자인 경우이다. 그리고 당사자는 살기를 원하는 경우는 비의지적 안락사(involuntary euthanasia)라고 본다.

자발적인 안락사는 환자의 동의를 전제로 시술되는 형태로서 환자가 자신의 삶에 대한 의지를 직접 표명하거나 사전승락이 있는 경우, 또는 환자가 평소 그와 같은 상황을 가정하여 유언을 남긴 경우에 해당된다. 자발적 안락사는 생명윤리의 원칙 중에서 자율성의 원칙을 전제로 시행하게 된다. 자발적 안락사에서 제기되는 윤리적 정당성은, 비록 스스로의 결정에 의한 경우라 하더라도 그 결정이 진정으로 자의적이고 자유선택에 의한 것인지에 대한 논의가 필요하다.

비자발적 안락사는 환자가 삶과 죽음을 선택할 수 있는 능력이 없거나 상실되었을 경우, 환자가 아닌 환자의 후견인인 가족, 친지의 동의를 얻어 시행된다. 따라서 비자발적 안락사는 매우 선별적으로 시행되어야 하며, 일종의 필요악으로서 최소한의 문만 열어놓아야 한다. 이때 환자의 자발적인 동의를 위한 예비 장치로 생전유언(living will)의 방법이 있다.

의사조력자살(Physician Assisted Suicide)은 의사가 환자에게 자살하는데 필요한 수단이나 정보를 제공하여, 환자 스스로 죽음을 유도하는 행위나 약물을 주입하도록 돕는 행위이다. 일반적으로 이 경우에는 부정적인 이미지가 강하다.[40] 조력자살에서 의사는 형식적으로 협력자이며 즉 도구적 원인이라 할 수 있다. 이때 의사는 가능한 수단만을 제공하지만 그럼에도 죽음의 실제적 조력자가 된다.[41] 죽음의 의사로 잘 알려진 병리학자인 커보키안(Jack Kevorkian)은 직접 자살기계(mercitron)를 고안하였을 뿐만 아니라 공공연히 그 대상자를 모집하여 그가 구속

되기 전까지 무려 9년간 130여 명이 넘는 사람들의 자살을 도왔다.[42]

두 번째 중요한 관점은 적극적 안락사(active euthanasia)와 소극적 안락사(passive euthanasia)로 나누는 것이다. 적극적 안락사는 생명을 단축시키는 특수수단을 사용하거나, 생명을 연장시키는 일반수단을 사용하지 않음으로 환자의 죽음을 의도하는 경우이다. 즉 죽음 이외에 고통을 극복할 만한 다른 방법이 없을 때, 고통을 종식시키기 위해 모르핀과 같은 치사량의 극약을 주입하거나 치사량의 수면제를 복용시키는 약물 과용이 이에 해당된다.

소극적 안락사는 생명을 단축시키는 일반수단을 사용하거나, 생명을 연장시키는 특수수단을 사용하지 않아 환자를 죽음에 이르게 하는 것을 말한다. 즉 환자의 생명을 연장하기 위한 치료 행위를 중단하거나 의료보조장치를 제거함으로서 자연스럽게 생을 마감하도록 하는 것이다. 소극적 안락사는 환자의 죽음의 과정에서 인위적인 수단을 배제한다는 점에서 소극적이라고 할 수 있다.

이 관점은 두 가지가 문제가 되는데, 하나는 생명유지장치(life-support systems)의 제거 여부가 문제가 되고, 또 하나는 행위를 가하느냐의 여부가 문제가 된다. 할 수 있는 '모든' 행위가 동원되는 것, 생명유지장치의 제거를 포함하여 죽음을 재촉하는 모든 행위를 가하는 것은 적극적 안락사의 경우이다. 반대로 소극적 안락사의 경우는 죽음을 재촉하기 위한 아무런 행위도 가하지 않는 것이다.

이 두 가지를 구분하는 다른 기준도 있다. 그것은 죽음의 일차적 원인이 인간의 행위에 있는가 아니면 질병이나 부상에 있는가 하는 것이다. 죽음의 일차적 원인이 인간의 행위에 있으면 적극적 안락사이고, 어떤 상처나 질병 때문에 죽었다면 그것은 소극적 안락사이다.

그런데 적극적 안락사(killing)와 소극적 안락사(letting die)를 명확하게 구분 짓지 않을 때 다음과 같은 혼란스러운 상황이 발생할 수 있다.

첫째, 환자가 죽게 되거나 의사가 치료를 계속하는 것이 무익하기 때문에 치료를 중단하게 될 때 초래되는 죽음에 대해, 많은 의사들은 책임의식을 느끼게 되며 이러한 책임으로 인해 지나친 부담을 안겨줄 수 있다는 점이다. 그러나 이러한 책임은 의사들에게 불필요하고도 잘못된 부담을 안겨주기에 폐기되어야 한다. 둘째로, 의사가 생명을 지속시키는 의료적 치료가 더 이상 효과가 없다고 판단하는 모든 경우에 있어서, 환자에 대한 빠르고도 직접적인 죽임은 인도주의적이고 경제적인 근거에서 가장 합리적인 단계로 정당화될 가능성이 있다.43) 따라서 우리는 적극적 안락사와 소극적 안락사를 명확하게 구분할 필요가 있다.

그런데 죽이는 행위와 죽게 방치하는 행위 사이의 구분이 모호한 경우에 소극적 안락사를 가장한 적극적 안락사가 빈번하게 발생한다. 그 대표적인 예는 1970년대 중반 미국에서 대다수 다운증후군 신생아의 부모들이 다운증후군이라는 이유로 신생아들을 안락사시켰던 사실에서 찾을 수 있다. 이들은 다운증후군 신생아 중에 장폐색과 같은 선천적 결함을 갖고 태어난 신생아의 경우, 수술을 받지 않으면 죽을 수밖에 없다는 것을 이용하였다. 간단한 수술만 거치면 생존할 수 있었음에도 부모와 의사는 수술하지 않기로 결정하였다. 수술을 하지 않는 것은 소극적 안락사로 분류될 수 있다는 점을 이용했던 것이다. 그리하여 수많은 선천성 장애 신생아들은 수 시간 혹은 수일에 걸쳐 탈수와 감염으로서 서서히 고통스럽게 죽었다.44)

또한 소극적 안락사를 합법화할 경우 장기 매매와 같은 상업적인 목적으로 악용될 가능성을 배제할 수 없다. 장기부족으로 인한 의료자원의 분배문제는 심각하므로, 이러한 상황에서 소극적 안락사를 허용할 경우, 환자를 안락사 시키면서 그의 장기를 적출하여 다른 환자를 위한 장기이식이 가능하다. 따라서 의료시장에 상업주의가 개입될 경우, 장기매매를 위한 목적으로 안락사가 악용될 수 있다. 그러므로 소극적 안

락사는 악용이나 남용을 방지할 수 있는 엄격한 제도적인 보완책 위에 조심스럽게 허용되어야 한다.[45)]

이러한 안락사의 두 가지 구분법을 함께 놓고 보면 안락사는 다음의 여섯 가지 유형으로 나누어진다. 자발적·적극적 안락사, 자발적·소극적 안락사, 비자발적·적극적 안락사, 비자발적·소극적 안락사, 비의지적·적극적 안락사, 비의지적·소극적 안락사의 여섯 가지이다. 이 여섯 가지의 경우가 어떤 논란을 불러일으키는지 살펴보자.

자발적 안락사의 경우에 있어서는, 특히 자발적·소극적 안락사는 그래도 일반적으로 도덕적으로 많은 사람들에게 용인되는 추세이다.[46)] 반면에 자발적·적극적 안락사는 좀 더 논란이 있다. 그러면 비자발적 안락사는 자발적 안락사에 비하여 어떻게 받아들여질까? 죽기를 바라는 사람을 죽이거나 죽게 내버려둔 것보다, 죽여달라고 말할 능력도 없는 사람을 죽인 것이 더 문제가 되지 않을까? 한편으로는 이미 존재를 멈춘 사람을 죽이거나 죽게 놔두는 것이 필연적으로 현존하는 사람의 자발적 안락사보다 문제가 덜 할 수도 있다. 왜냐하면 동의가 결여되었기 때문이다. 따라서 소극적인 경우까지 포함하여 비자발적 안락사가 정당화할 수 있는 더 많은 근거가 필요하기 때문이다. 이는 논란이 많은 부분이다.

마지막으로 가장 문제가 많은 것은 비의지적 안락사이다. 대부분의 학자들은 비의지적 안락사야말로 심각한 문제가 있다고 본다.[47)] 하지만 이런 관점을 분명한 것이라고 보기는 어렵다. 비의지적·소극적 안락사의 경우 만약 당사자의 생명이 지속되는 것이 그 자신의 이익과 대치된다면 어찌할 것인가? 그 자신의 생명에의 권리가 오히려 그의 삶을 더 나쁘게 만드는 결과가 되는 경우도 있다. 그렇다면 비의지적·소극적 안락사도 경우에 따라서는 도덕적으로 용인되어야 할지도 모른다.

전체적으로 보면, 안락사란 사람의 죽음을 내포하는 정의를 가지기 때문에 다른 조건들이 동일하다는 가정 하에서는 비의지적 안락사가 비자발적 안락사보다 문제점이 많고, 비자발적 안락사는 자발적 안락사에 비하여 논란의 여지가 많다.

최근의 경향을 보면, 안락사의 허용범위가 점점 확장되고 시술방법도 소극적인 면에서 적극적인 면으로 진행되고 있다. 즉 안락사는 종래의 소극적 안락사의 합법화를 넘어 의사조력자살 또는 적극적 안락사까지 확대되어 합법화하려는 방향으로 전개되어 있다. 또한 과거에는 육체적 고통제거에 중점을 두었던 반면, 오늘날에는 존엄하게 죽을 환자의 권리에 초점을 두고 있다.

안락사의 찬성론으로는 공리주의의 유용성 원칙이 있다. 환자의 고통이 극심하고 회복의 희망이 없을 때 유용성의 원리는 환자를 죽음에 이르도록 자극한다. 그런데, 유용성의 원리는 하나의 척도가 될 수 있을 뿐 안락사의 타당한 기준은 될 수 없다. 유용성의 원리가 지닌 가장 큰 문제점은 고통의 종식만이 행복의 척도라는데 있다. 하지만 고통이나 삶의 질 보다 생명 그 자체는 어떤 가치와도 비교할 수 없는 고유한 가치를 갖는다. 생명 자체는 개개인에게 있어서 중요한 선이며, 그 자체로 가치 있을 뿐 아니라, 모든 다른 선의 추구를 위한 필수요소라고 할 수 있다. 따라서 유용성의 원칙에서만 볼 때는 죽음만이 고통을 종식시키고 행복이 불행을 능가하는 상태로 만들 수 있다고 보는 것이 문제이다.

고통보다 더 중요한 가치는 환자의 생명이라고 할 수 있기 때문이다. 말기암 환자들은 극심한 고통 속에서 자신의 생명을 종결시켜 달라고 호소하는데, 이러한 호소를 그대로 받아들여서는 안 된다. 환자는 극심한 통증과 오랜 투병생활로 가족들에게 돌아갈 경제적인 부담 등으로 인해 자포자기한 심정으로 죽음을 요청하는 경우가 많다. 이때 환자에게 필요한 것은 애정 어린 접촉과 따뜻한 격려를 동반한 인격적인 돌봄이다.

또한 자율성존중의 원칙은 인간이 자기운명의 주인으로서 죽음까지
도 스스로 결정할 권리를 가지고 있기에, 의사는 죽음을 결정하는 환자
의 자율성을 존중해야 한다는 것이다. 하지만 환자의 자율성은 환자에
게 이익이 되는 경우에 한하여 존중되어야 한다. 의사는 환자의 자율성
을 존중해야 하는 의무 뿐 아니라 환자의 이익을 최우선적으로 고려해
야 하는 의무가 있기 때문이다.

그런데, 이 두 의무가 서로 충돌할 경우 의사는 환자의 자율성 존중
보다 환자의 이익을 최우선적으로 고려해야 한다. 그런 점에서 자율권
존중의 원칙은 생명의 존엄에 기초한 보다 큰 가치의 실현을 위하여 행
사될 때에만 정당화 될 수 있다. 따라서 죽음에의 자기결정권은 자신의
생명을 함부로 훼멸시켜도 된다는 의미는 아니며, 오히려 역설적으로
인간생명의 존엄성과 고귀함을 의미한다. 인간은 자기책임능력이 있는
인격이라는 점이 강조되기 때문이다.

또한 생명권과 반대되는 개념으로서 죽음의 권리는 오해의 소지가 많
다. 안락사를 일종의 죽음의 권리로 이해하게 되면, 안락사는 선택되어
야 할 의무사항으로 여겨지기 쉽다. 안락사가 합법화되면 보다 간편하고
쉬운 방법으로 안락사를 선택하도록 요구하는, 교묘하면서도 직접적인
강요를 받게 될 가능성이 많다. 특히 불치병이나 정신적, 신체적 결함을
지닌 장애인의 경우, 삶의 질과 연관된 죽음의 권리는 이들에게 죽음을
선택하도록 강요하는 잘못을 범할 수 있다.[48] 좋은 동기든 나쁜 동기든
간에 가족들의 압력에 의한 강요로 자발적 안락사가 이루어지게 된다면,
이는 생명존엄에 역행하는 심각한 문제라 하지 않을 수 없다.[49]

안락사 찬성론자들은 환자 자신의 자기결정의 권리와 환자의 고통에
대한 의사의 긍휼이라는 두 가지 동기를 함께 연결시켜 정당화의 근거
로 제시한다. 그러나 이 두 측면을 독립적으로 분리시켜보면, 필연적으
로 연결될 이유가 없다.[50] 게이 윌리암스는 안락사를 한 인격의 생명을

의도적으로 취하는 것으로 정의하면서, 안락사는 생명을 보존하려는 자연적 경향을 깨뜨리는 행위로서 자연법에 역행한다고 보았다.[51] 자연의 모든 과정들은 육체적 생존을 목적으로 향하는 경향이 있다. 또한 인간 육체의 조직과 행동 반응의 경향은 생명을 유지시키는 자연적 목적을 이루는데 있다. 그런데 안락사는 생명을 인위적으로 종결시켜 인간 존엄성을 파괴한다.[52] 이는 인간 본성에 반하는 행위인 것이다.

안락사 논쟁에 있어서 우리가 주목하고 경계해야 할 점들은 남용의 우려와 오류의 가능성과 환자와 의사간의 전통적 신뢰관계가 무너질 것이라는 점이다.[53] 또한 안락사가 합법화될 경우 강요의 가능성을 배제 할 수 없다. 따라서 안락사는 생명존엄성에 근거하여 신중하게 판단해야 한다. 안락사 논쟁의 저변에 가려진 비인간적인 면을 직시하고, 그 뒤에 가려진 소중한 가치들을 재발견할 수 있어야 한다.

안락사문제를 해결할 현실적인 대안들로는 첫째, 의료보장제도와 같은 사회보장제도를 강화함으로 환자 가족의 경제적 부담을 덜어주는 제도적인 뒷받침이 이루어져야 한다. 둘째, 말기질환으로 죽어가는 자의 고통을 완화시키는 완화의학의 적극적인 도입과 고통에 동참하거나 분담하는 전문적인 간병인 제도나 호스피스 시스템의 체계적인 확립이 요청된다.[54]

3. 환경, 보존과 개발의 과제

최근 세계적 화두로 떠오른 '지구온난화'는 90% 이상이 인간 때문이며 이로 인해 폭풍 등 자연재해의 강도가 더욱 강해진 것으로 진단됐다. 지구온난화는 앞으로 수세기 동안 계속돼 폭풍과 폭염이 심해지고 저지대가 물에 잠길 것으로 전망됐다. 유엔의 '정부 간 기후변화위원회

(PCC)'는 2일 오전(현지시간) 파리 유네스코 본부에서 '지구온난화 보고서'를 발표했다.

현재 지구 기온은 빙하시대 때보다 5도가량 높지만 앞으로 진행될 기온 변화는 지난 수천 년 동안보다 더 클 것이다. 지구온난화로 해수면은 2100년까지 18~58cm 높아질 것으로 전망됐다. 아울러 폭염이 심해지고 아프리카와 남부아시아 지역의 사막화가 진행될 것으로 우려했다. 또 지구온난화로 미생물이 이산화탄소를 많이 흡수하면서 바닷물 산성화도 더 높아질 것으로 예상했다. 문제는 이 같은 변화가 초래할 각종 재앙이다. 이를 방지하려면 각국의 노력과 함께 우선 교토의정서의 준수가 필요하다. 이미 35개 선진국은 2008~2012년까지 온실가스 배출량을 1990년 수준보다 5.2% 감축하자는 교토 의정서를 체결했다.[55]

나아가 '포스트 교토 의정서' 논의가 본격화됐다. 지난 5월 28~29일 독일 함부르크에서 열린 아시아·유럽 정상회의(ASEM) 외무장관 회의에서는, 교토 의정서를 대체할 '포스트 교토 의정서' 협상을 2009년까지 마무리 짓기로 합의했다. 45개국 장관들은 2012년 이후에도 온실가스 감축 노력이 계속되기 위해서는 '2009년'이라는 시한 설정이 필요하다는 데 의견을 같이했다. 2012년 만료되는 교토 의정서를 대체할 새로운 국제규약에는 온실가스 감축을 위한 구체적인 의무 사항이 포함되는 등, 교토 의정서보다 한층 강한 규제를 국제 사회에 부과할 전망이다.

그러나 '포스트 교토 의정서' 논의에는 적지 않은 난관이 있을 것으로 보인다. 가장 큰 걸림돌은 미국이다. 파이낸셜타임스(FT)에 따르면 부시 행정부는 이미 G8 정상회담에서 독일이 주도하는 논의에 대해 거부권을 행사할 방침이다. 중국과 인도 등 아시아 국가들도 EU 국가들과 심각한 견해 차이를 내비쳤다. 양제츠 중국 외교부장은 "선진국은 산업화 과정에서 엄청난 온실가스를 배출했다"며 "선진국이 지구 온난화 문제에 대해 책임을 지고 개발도상국에 금전적, 기술적 지원을 해야 한다"고 말했다. 개발도상국가들은 온실가스 감축 협약이 경제발전을 가로막는 족쇄가 되지 않을까 우려하고 있는 것이다.56)

이처럼 환경파괴에 따른 생태위기는 21세기 인류의 생명을 위협하는 치명적 상황에 이르렀다. '살아남아야 한다'는 절박한 명제 앞에서 철학은 책임을 느끼게 됐고 이제 철학은 왜, 무엇이 잘못되었나, 어디로 가야 하나를 고민하고 있다. 여기에 대한 반성은 데카르트적 이성에 바탕을 둔 근대성 비판에서 출발한다.57) 인식의 주체와 객체, 인간과 자연을 분리하는 데카르트적 합리성은 과학기술의 놀라운 발달이라는 개가를 올렸지만 동시에 지상의 모든 생명과 인류 전멸의 위기를 초래했다.

이성에 근거한 기존 사유의 틀로는 더 이상 문제를 해결할 수 없다는 깨달음에서 생태철학은 인간중심에서 생태중심으로 패러다임의 전환을 요구한다. 데카르트 이후의 철학에서 자연은 말이 없고 이성에 의해 구성되는 것이었다. 이처럼 주/객의 이분법을 거부하는 총체적 위기 앞에서 생태철학은 그 동안 대상으로만 존재하던 자연/환경을 인식주체로 끌어들인다. 이 점에서 생태철학은 환경윤리학과 구분된다. 환경윤리학은 인간을 둘러싼 환경을 이야기하지만 생태철학은 인간과 자연을 하나로 묶는 세계관의 범주에 속하기 때문이다.

생태철학(ecological philosophy, ecophilosophy)은 1970년대 초반 미국에서 환경철학의 일부로서 등장하였다. 환경철학은 크게 세 부류로 나눌 수 있는데 첫째 부류는 인간중심적 개량주의(anthropocentric reformism)로서 환경 문제의 원인을 사람들의 무지와 근시안적 계산에서 찾는 것이다. 이 입장은 사람들이 비용과 효용계산을 장기적인 관점에서 사려 깊게 숙고한다면, 지금과 같은 무분별한 자원사용이나 오염행위를 하지 않을 것이라고 기대한다. 생태학적 연구가 중요하기는 하지만 그로 인해 윤리학의 근본적인 혁신이 필요한 것은 아니며, 단지 우리의 도덕적 의무와 권리에 대한 보다 신중하고 합리적인 태도가 필요하다는 것이 인간중심적 윤리학(anthropocentrism)의 입장이다.

이러한 입장에 따르면 생태학이 도덕이나 윤리에 깊은 관심을 갖는 것은 그것이 인간의 행위가 갖는, 예측하기 어려우나 지극히 중요하고 미묘한 그리고 널리 미치는 결과들을 보여주고 있기 때문이라는 것이다. 예를 들면 특정 종의 멸종, 자원의 고갈, 각종의 오염, 급속한 인구의 증가 등 기술과 과학의 이용에서 오는 위험하고 해로운 현상들이 그것들이다. 그러나 이러한 현상들은 인간에 의해서만 통제되고 예방될 수 있으며 인간만이 그에 대한 책임을 질 수 있는 현상들이라고 주장한다. 대부분의 그리스도교적 윤리신학자와 철학자들이 이런 맥락을 가지며 그래서(E. Gräßer)와 패트리지(Partridge), 브라움바흐(R. Braumbach), 싱어(P. Singer), 시코라(R.I. Sikora) 등을 꼽을 수 있다.

두 번째 부류는 환경윤리학(environmental ethics)의 여러 유형들이다. 환경윤리학은 기존의 인간에게만 한정되었던 윤리적 고려를 개별 동식물, 종 등 자연으로 확장해서 환경문제에 대응하고자 하는 입장이다. 즉 생태학적인 방향정위와 생태학적인 인식을 가지고 종래의 도덕공동체의 범위를 보다 확대한 규범윤리, 이를테면 동물중심적이거나 생명중심적인 윤리(biocentrism)의 입장이다. 이 입장이 인간 중심적 개량주의와 다른 점은 인간만이 아니라 자연의 일부를 직접적인 윤리적 고려의 대상으로 삼는다는 것이다. 그러니까 환경윤리학 입장에서 동물에게 불필요한 고통을 주거나 식물을 함부로 훼손해서는 안 되는 것은 그것들로부터 어떤 이익을 향유할 다른 사람에 대한 배려 때문이 아니다.

환경윤리학은 동물과 식물의 고통이 인간의 고통과 마찬가지로 회피되어야 하거나 혹은 그들의 생존권리도 인간의 권리와 함께 존중되어야 한다고 주장한다. 따라서 환경윤리학 대상의 최대범위는 대개 의식적이거나 최대한 지향성을 가진 존재자들이며 생태계 전체나 혹은 무기물을 포함한 자연 전체까지 윤리적 고려의 대상이 되기는 어렵다. 알트너(Altner)의 생명중심적 자연관이나 얀치(E. Jantsch)의 자연의 자기 구성화론, 크라머(F. Cramer)의 창조 가능성으로서의 발전론, 로렌츠(K. Lorenz)의 자연총체설 등이 이에 속한다.

환경윤리학의 세 번째 부류는 환경문제의 근본원인이 보다 더 근원적인 데 있다고 여기며 기존의 윤리학은 환경문제에 대한 해결방안이라기 보다는 오히려 문제를 일으킨 원인들과 더 가까이 위치해 있다고 비판한다. 생태학이나 유기적 자연관은 새로운 윤리, 즉, 인간중심적인 윤리가 아닌 자연중심적인 윤리(ecocentrism)을 중심으로 해야 한다는 입장이다. 이는 자연 속에 내재하는 본질적 가치를 지적하며 인간만이 아니라 자연 현상 역시 존중받아야 마땅하며 인간은 자신 뿐 아니라 자연환경에 대해서도 도덕적 의무를 갖는다고 주장한다.

레오폴드(Aldo Leopold)는 우리 인간이 자연의 모든 구성요소들을 포함시킴으로써 도덕공동체의 성원자격을 확장하는 보존의 윤리, 즉 대지의 윤리(land ethics)가 필요하다고 한다. 레오폴드는 인간이 자연을 정복하고 통제할 수 있는 단순한 경제자원 중 하나로 간주하는 것은 중단해야 한다고 주장하였다. 오히려 땅, 물, 식물, 동물(또는 집합적으로 대지) 같은 생물권 내의 다른 구성요소들처럼 인간 또한 '생물공동체(biotic community)'의 평범한 구성원이고 시민이라는 것을 인정해야 한다고 주장하였다. 따라서 윤리적인 지평 또한 인간이 한 부분으로 포함되어 들어가는 생태계로 확정되어야 마땅하다고 주장한다.

따라서 레오폴드의 윤리는 전체주의적이다. 그의 윤리는 생태계 구성요소의 개별 복지보다는 그에 미치는 효과를 바탕으로 행위를 평가한다는 점에서 전체주의적이다. 식물과 동물 개체들의 번성보다 더 중요한 것은 이러한 개체들이 이루고 있는 전체의 번성, 다시 말해서 종과 생태계의 번성이다. 그의 주장은 인간과 비인간의 삶이 함께 뿌리를 내리고 있는 전체에 감사하고 전체를 보살펴야 한다는 교훈을 가지고 있다. 오늘날 생태철학이라고 하면 이 세 번째 부류의 급진적 환경철학을 지칭한다.58)

이제 환경파괴는 인간에게 피할 수 없는 숙명이 되었으며, 우리의 사고방식과 행동양식을 수정하지 않고서는 이 문제를 해결할 수 없다. 생태철학은 이성철학의 '구조변경(Paradigmawechsel)' 위에서만 가능하고 이 구조변경은 '이성 아닌 다른 무엇'으로 인간과 인간을 구성하는 자연을 설명할 수 있을 때 가능하다. 그러므로 생태철학은 지금까지의 모든 철학, 특히 '자연철학'에 정면으로 대립한다. 자연철학은 '의식'과 '의식의 주체'의 이분법적 구조 속에서 관찰자 이외의 모든 '대상'에 대한 지식을 추구한다. 생태철학은 이와 반대로 '의식적 존재(Bewußtsein)'가 주체가 되는 것이 아니라 '자연존재(Natursein)'가 주체이면서 '자연의 자연성(Natürlichkeit der Natur)'을 문제 삼는다.59)

생태지향주의는 인간은 자연의 토대를 떠나서는 존재할 수 없기 때문에 자연이야말로 인간과 함께 생명을 같이 하는 영속성의 의미로 이해해야 한다고 보는 입장이다. 따라서 이러한 자연관은 유기적 자연관이라고 볼 수 있는데, 이것은 자연의 구성 원소가 기능적으로 연관되어 있고 끊임없는 에너지와 물질의 흐름에도 불구하고 상호 독립적인 구성체로서의 명백한 균형을 유지하는 유기체들의 성질과 부분들을 단순히 합쳐 놓은 것 이상의, 전체로서의 특별한 성질을 갖는다고 본다.

생태주의는 성장 제일주의적 산업문명을 넘어서는 탈 근대적 문명 전환 운동을 지향한다. 지배가 아닌 공존, 획일성이 아닌 다양성, 시장 경쟁이 아닌 나눔의 공동체가 목표이다. 근대 산업문명의 폐해, 예컨대 지배와 복종, 억압과 차별, 빈부격차, 환경 파괴 등의 문제를 해결하고 대안적 사회를 이룩하려는 모색의 한 가운데에 생태주의가 자리 잡고 있다.60)

이처럼 생태철학은 환경을 존재론적으로 인식하게 하면서 동시에 가치론적으로 인식하게 한다. 생태철학은 사회라는 환경을 최상의 구조로 생각하지 않으며, 우주적 생명현상 속에서 인류의 문명과 문화가 창조된다는 사실을 인식하게 한다. 그리고 그러한 우주적 생명은 인류 역사라는 생명현상의 환경이 되기 때문에 당위적인 가치부여를 하게 된다는 것이다. 이 입장은 유기체론에 입각하여 자연에 존재론적 지위를 부여하는 입장이다. 여기에서 자연은 인간에 의한 수단적 가치로서의 의미를 갖는 것이 아니라 본래적 가치를 가지고 그 자체만으로 존재의 의미를 부여받는다.

결론적으로 생태지향주의자들은 환경문제의 궁극적 해결은 환경 파괴의 핵심적 원인인 소비주의를 새로운 가치로 바꾸고, 그러한 가치에 근거하여 인간들의 삶의 방식을 근본적으로 변혁하여 세계화와 세계화가 초래하는 정치적 · 문화적 · 생태적 위기에 효과적으로 대응할 수 있을 때 가능하다고 본다.[61]

생태주의는 21세기 철학의 핵심 화두가 될 것으로 보인다. 생태주의의 철학적 변용으로서 생태학은 아직 당위론에 머물고 있다. 철학으로서 총체성을 얻기 위한 방법론은 모색단계다. 우리의 삶은 여전히 생태적 합리성을 배반하는 파괴적 문명에 뿌리를 둔 채 생태철학과 현실은 물과 기름처럼 겉돌고 있는 것이 현실이다.

현 시점이 미래사회의 새로운 문명을 창조해야 하는 중대한 사회 변화기라고 볼 때, 여전히 우리 시대의 문명을 뒷받침하고 있는 기계론적 세계관, 이원론적 자연관에 대한 비판적 고찰과 새로운 세계관, 자연관의 합의는 대단히 중요한 작업이 될 수 있다. 따라서 다양한 현대 환경론의 논의 가운데 과연 어떤 입장, 어떤 내용이 미래사회의 새로운 문명을 창조할 수 있으며, 전지구적 생존과 행복을 보장해 줄 수 있는가에 대한 진지한 고민이 뒤따라야 한다.

4. 동물문제

동물은 고대로부터 인간과 함께 삶을 영위해 왔지만 인간들의 다양한 요구에 의하여 분류되고 취급되어 왔다. 인간들은 동물을 애완동물, 가축, 실험동물, 야생동물로 분류하여 자신들의 필요에 따라 활용해 왔다. 이러한 태도에는 기본적으로 인간을 제외한 동물은 인간과 전혀 다른 열등한 존재라는 인식에서 출발한다. 한편 인간과 다른 동물들 간의 종차를 이야기할 때 가장 흔히 제시되는 것 중에 하나는, 다른 동물들과는 달리 인간만이 도덕적 행위능력을 갖추었다는 것이다. 우리 인간이 지닌 특성 중 동물과 구별되는 몇 가지 중요한 속성들이 있는데, 대체로 이것은 '도덕적' 특성들이라 불리는 것들이다.

그렇다면 인간이 동물과 확실하게 도덕적으로 구별되는 점은 어떤 것일까? 다음과 같은 심리학적 능력이나 특성들이 인간이 동물과 구별되는 점으로 꼽히는데, 그것은 자기의식, 이성적임, 자율성, 언어사용능력, 도덕감이나 양심, 자유의지, 또는 자기 행동에 대한 책임 등등이다. 하지만 이러한 특성들에도 불구하고 이러한 특성이나 능력이 결여된 경우가 있는데, 태아나 유아들의 경우이다. 그러나 이들의 능력은 앞으로 지속적으로 발달될 것으로 예상된다. 한편 정신이상이거나 회복 불가능한 혼수상태에 빠진 사람들이 이 경우에 속하기도 한다. 앞의 경우의 사람들은 그들의 이전 능력이나 잠재력이 동물과 다르다고 생각할 수도 있는 경우이다.

그런데 선천적으로 심각한 인지적 손상을 가지고 태어난 사람들은 어떻게 될까? 이런 경우에는 지능이 높은 특정 동물들보다 심리적 특성도 더 열악하고 미래에 개발될 잠재력도 없는 경우이다. 따라서 이런 경우의 인간은 높은 도덕적 지위도 가질 수 없게 된다. 이러한 사실은 우리 인간이 근본적으로 동물과 다른 심리적 특성을 가졌다고 생각하는 경향에 대해 심각하게 도전한다.

그러나 우리의 행동들이 보여주는 것처럼 우리는 '모든' 인간은 도덕적으로 중요하다는 면에서 동물과는 다르다고 믿는다. 만약 우리가 이에 동의한다면, 그것은 '어떤' 인간의 심리적 능력이 특정 동물보다 우월해서 그런 것은 아니다. 만약 우리의 믿음이 확정적인 것이라면 우리는 '모든' 인간과 '모든' 동물 사이에 근본적인 도덕적 차이가 존재한다는 관점을 포기하던지, 아니면 우리의 우월한 지위를 옹호해주는 논리적 기초를 찾던지 해야 한다.

동물을 대하는 우리의 태도에서 두 가지 살펴보아야 할 것은 동물살해와 동물학대이다. 먼저 학대에 관하여 생각해 보자. 학대는 무엇보다도 그 가혹함 때문에 나쁘다. 학대 자체가 고약한 것이다. 인간이라는 종 사이의 소속감을 가지고 볼 때, 우리는 최소한 동물의 고통보다 인간의 고통에 더 민감하게 된다. 고통이 본질적으로 나쁜 것이라는 이유 외에도, 고통은 긍정적인 경험과 그 가치로부터 나오는 모든 행위들을 가로 막는다.

동물보다는 인간이 행동과 경험 면에서 더 많은 가치를 지니므로, 고통의 '기회비용'도 일반적으로 더 비싸다. 고통은 인생의 나머지 부분을 짓이기는 효과를 가지기도 한다. 예를 들어 유아들에게 고통을 가하는 것은 그들의 삶 전체에 해를 입히는 결과를 가져 올 수 있다. 물론 동물의 삶에도 고통이나 잔인함이 미치는 해악이 비슷한 효과가 있을 수는 있다.

그러나 동물의 삶은 인간보다 짧고 동물은 인간보다는 가치가 작으므로, 동물이 사람이 느끼는 심리적인 상처보다는 덜 심각한 상처를 받을 수도 있다고 본다. 오늘날 일부 동물들도 고통을 느낄 수 있다는 것을 부정할 사람은 없다. 하지만 구체적으로 어떤 동물이 고통을 느끼며 우리가 그것을 어떻게 입증할 수 있는가는 논란의 여지가 있다.

예를 들어 버먼드(Bob Bermond)에 따르면, 고통은 의식경험이며 동물들이 고통을 느낄 수 있는가는 그들이 의식을 가질 수 있는가에 의해 결정된다고 한다. 그런데 계통발생학적으로는 최근에 형성된 뇌 전두엽이 잘 발달된 존재를 의식적 존재라고 하는데, 그렇다면 인간 외에 고통을 느낄 수 있는 동물은 유인원과 돌고래 정도로 생각할 수 있다.[62]

하지만 버먼드의 생각과 달리 대다수의 척추동물들이 고통을 느낄 수 있다는 증거들은 다양하다. 그들은 인간과 유사한 신경계를 가지고 있는데, 인간에게서 발견되는 고통과 쾌락의 중추는 조류와 포유류, 어류에서까지 발견되며 통증행동에 관여하는 신경 메커니즘은 모든 척추동물들에게 발견되고 있다.[63]

언뜻 보기에 고통과 쾌락을 느낄 수 있다는 진화적 사실은 일부 동물들에게 일정한 도덕적 지위를 부여하는 것으로 보일 수도 있다. 하지만 그들에게 도덕적 지위를 부여하는 여부는 결국은 우리 인간 자신의 도덕적 기준이다. 따라서 진화적 사실들은 도덕이론이 이를 뒷받침해주어야만 동물의 도덕적 지위에 도움을 줄 수 있다.

이처럼 과거로부터 인간은 동물들과의 사이에 분명한 차이가 있고 이것은 질적인 것이라고 생각해 왔다. 단지 다른 종에 속했다는 이유로 차별을 정당화하는 것은 일종의 편견일 수 있는데 이는 인종차별이나 남녀차별과 같은 차원에서 보아야 한다. 이를 종차별(specisism)이라고 할 수 있는데 동물들이 인간 종에 속해있지 않다는 이유만으로 도덕적인 배려의 대상이 아니라고 하는 것은 도덕적 측면에서 볼 때 차별이다.

'종차별(speciesism)', '동물해방(Animal Liberation)'이라는 용어는 피터 싱어(Peter Singer)가 최초로 사용하였다. 그는 1975년 출간한 자신의 저서의 제목으로 이 용어를 사용하였는데, 그는 이 책에서 인간간의 인종으로 인한 차별이 허용되어서는 안 되듯이, 동물종을 바탕으로 한 차별 또한 있을 수 없다고 주장하였다. 물론 이것은 인간을 대하는 것과 똑같은 방법으로 동물을 대하라는 것은 아니다.

동물에 대한 정당하지 못한 차별을 싱어는 '종차별(speciesism)'이라고 하였는데 이 용어는 영국의 동물해방활동가인 라이더(Richard Rider)에 의하여 '인종차별(racism)' 및 '성차별(Sexism)'과 동류어로 제안되었다. 그는 인종차별이나 성차별과 마찬가지로, 종차별 또한 다른 동물 종의 이해관계와 고통을 무시하고 자신이 속한 종에 대한 이기심을 바탕으로 한 일종의 편견이라고 말했다.[64] 물론 동물에게 불필요한 고통을 주어서는 안 된다는 싱어의 주장이 자유로움에 대한 동물의 권리를 인정하거나 동물의 억압된 조건으로부터 무조건 동물을 해방시키는 것이 아니라는 것에는 논란이 많다.

바너(Gary Varner)는 생물종에 대한 총합적인 복지촉진과 생태계의 보전을 확보하려는 목적일 때는 동물해방주의자들도 사냥을 지지해야 한다고 주장한다. 치료적 사냥은 동물의 수를 적절히 유지하기 위한 '정교한 도구'라고 그는 주장한다. 이를 '최소유린의 원칙(miniride principle)'이라고 할 수 있는데, 이 원칙에 따르면 어떤 개체의 권리를 부득이 유린해야 할 때는 그 개체가 겪을 고통과 비교하여 가능한 한 적은 숫자의 개체의 권리를 유린하도록 해야 한다는 주장이다.[65]

한편 동물이란 인간 이용을 위한 자원이라는 생각에 반대하여 연합한 동물해방운동은, 동물이용에서 발생하는 고통의 최소화를 위해서 최선의 노력은 하지만 동물이 인간의 자원이라는 견해에는 원칙적으로 도전하지 않는 전통적인 동물복지와는 구분된다.[66] 켈리코트(Callicot)는 동물해방과 환경윤리의 조화를 제안하였는데, 공동체 내에서 인간이 동물을 포함한 다른 생명체들을 어떻게 다루어야 하는지를 설명하였다. 인간과 동물은 확연히 거리가 먼 관계이지만, 애완동물의 경우는 대리가족으로서의 특별한 관계를 지닌다고 보았다. 따라서 그의 주장은 인간이 모든 자연물을 존중하여야 한다는 것으로서, 동물을 활용할 때도 사려 깊게 동물을 선택하여 신속하게 죽이고 낭비 없이 이용하여야 하며 이 과정에서 동물을 정중하게 대해야 한다고 보았다.[67]

벤톤(Ted Benton)은 동물의 권리를 세 가지로 구분하여 이를 인간이 존중해 주어야 한다고 했는데, 그 권리들은 다음과 같다. 첫째, 불간섭의 권리(non-inference rights)로서, 이는 인간이 동물을 감금하거나 그들의 자율성을 방해하는 행위를 하지 않을 책임이 있는 것이다. 둘째로, 가능성의 권리(enablement rights)로서 동물들이 그들의 필요에 부합한 복지를 확보할 수 있는 생활환경을 마련하고 보전하는 것이다. 셋째, 방어의 권리(security rights)인데, 이는 인간이 동물들의 필요나 복지부분을 방해하지 않을 책임이 있음을 뜻한다.[68]

한편 19세기 사회진화론이 동물에 대한 인간의 우위를 입증하려고 다양한 논거를 제시했다면, 반대로 현대의 진화론은 인간이 인간 아닌 동물과의 차이가 크지 않다는 것을 보여주고 있다. 말하자면 종간의 차이가 고정불변한 것이 아니라는 것과 동물에게도 어느 정도의 도덕성이 있으며 고통도 느낄 수 있음을 보여준다.

1975년 『사회생물학』을 발표해 20세기 생물학의 한 분야를 개척한 에드워드 윌슨은 오랜 진화의 과정을 거치는 동안 우리 인간은 물질적·정신적으로 자연과 아주 깊은 연관을 맺게 되었기 때문에, 건강한 자연과 함께 할 때에만 비로소 참된 인간성의 구현이 가능하다고 보았다. 윌슨은 이러한 자신의 자연친화사상을 '바이오필리아(bio-philia)' 가설로 정리하였다. 바이오필리아란 우리 인간의 마음속에는 자연계 모든 생물에 대한 애착심[惻隱之心]이 내재되어 있다는 사고이다.[69]

이는 인간이 자연계의 과정에 다른 모든 생명체들과 어떻게 본원적으로 관련되어 있는지를 설명해 주는 개념이다. 윌슨은 인간이 다른 생물종에 대해 측은지심을 갖게 된 것은 인간 종족의 발달사와 밀접한 관계가 있으며 인류의 정신적·물질적 발전에 있어서 필연적인 과정이었다고 본다. 따라서 이 가설은 자연은 인류가 생존유지와 종족번식을 위해서 필요로 하는 물질자원의 공급원이라는 피상적인 관념을 훨씬 넘어서서 인간은 심미적·지성적·인지적, 심지어 정신적 안정과 만족을 위해서도 자연에 의지할 수 밖에 없다는 가설이다.

따라서 그는 인간을 제외한 지구상의 모든 생물에 대해서 그들이 영원히 존속해야만 하는 본원적 권리를 지니고 있으며, 그런 권위를 인정하는 것이 곧 인류의 의무이자 책임이라고 규정한다. 이렇게 할 때, 우리가 우리 자신을 필요 이상의 고매한 존재로 파악하지 않게 될 것이며 다른 동물 종보다 우월하다는 불필요한 의식도 버리게 될 것이라고 주장한다.[70]

따라서 자연 생태계의 위협에 직면하여, 만약 우리가 생물 다양성의 훼손을 방치한다면 이 생태계의 파손이 우리 인류의 미래에 보다 심각한 영향을 미칠 수 있다고 한다. 만약 지구의 일부만이라도 종다양성의 야생상태를 그대로 유지할 수만 있다면 언젠가는 생물권이 다시 회복되어 우리 후손들은 자연이 제공하는 모든 혜택을 누릴 수 있을 것으로 그는 전망한다.

주)

1) 도미니크 르쿠르, 권순만 역, 『인간복제논쟁』, 지식의 풍경, 2003, 116～117쪽.

2) J.Q.Willson, "The Paradox of Cloning", L.R.Kass & J.Q.Wilson, *The Ethics of Human Cloning*, Washington, D.C,: The AEI Press, 1998, pp.71～73.

3) L.R.Kass, "The Wisdom of Repugnance", L.R.Kass & J.Q.Willson, *The Ethics of Human Cloning*, p.33; G.J.Annas, "The Prospect of Human Cloning", J.M Humber and R.F. Almeder, *Human Cloning*, New Jersey: Humana Press, 1998, p.54.

4) 손병홍, 「인간복제와 개인동일성」 『과학철학』 제4권 1호 봄, 2001, 104～112쪽.

5) J.Roberton, "Cloning as a Reproductive Right", G.McGee, (ed.), *The Human Cloning Debate*, pp.72～78.

6) 김상득, 「인간복제, 생식의 자유 그리고 윤리학」 『동서철학연구』 31호, 한국동서철학회, 2004, 147～152쪽.

7) M.Bayles, *Reproductive Ethics*, Englewood Cliffs, NJ: Pretice-Hall, Inc., 1984, p.117.

8) L.R. Kass, op. cit., p.39.

9) J.A. Robertson, *Children of choice: Freedom and the New Reproductive Technologies*, NJ: Princeton University Press, 1994, p.168, p.43.

10) 김상득, 앞의 논문, 152～156쪽.

11) L.R. Kass, "Family Needs Its Natural Roots", L.R.Kass & J.Q. Wilson. *The Ethics of Human Cloning*, p.82.

12) P. Kitcher, "Life After Dolly", G.McGee, (ed.), *The Human Cloning Debate*, p.117.

13) L.R. Kass. op. cit., pp.39～42.

14) Ibid, p.39.

15) John D. Arras, "Reproductive Technology", in *A Companion to Applied Ethics*, R. G. Frey & Christopher Heath Wellman. (ed.), Blackwell Publishing, 2003, p.342.

16) Alpern, K. D. (ed.), *The Ethics of Reproduction Technology*, New York: Oxford University Press, 1992, pp.147～170.

17) Robertson, J. *Children of Choice: Freedom and the New Reproductive Technologies*, Princeton, NJ: Princeton University Press, 1994, pp.22～42.

18) Strong, C. *Ethics in Reproductive and Perinatal Medicine*, New Haven, CT: Yale University Press, 1997, pp.11～26.

19) Robertson, J. op. cit., p.40.

20) Corea, G. *The Mother Machine: Reproductive Technologies from Artificial Insemination*

to Artificial Wombs, New York: Harper, 1985.

21) Tong, R. *Feminist Approaches to Bioethics: Theoretical Reflections and Practical Applications*, Boulder, CO: Westview Press, 1997.

22) Robertson, John, A. "Surrogate mothers: not so novel after all", *The Hastings Center Report*, 13(5): 1983, pp.28～34.

23) 『경향신문』 2006년 10월 16일자 기사.

24) Andrews, Lori B. "Beyond Doctrinal boundaries: a legal framework for surrogate motherhood", *Virginia Law Review*, 81: 2343, 1995, p.8.

25) Singer, Peter and Wells, Deane, *Making Babies: The New Science and Ethics of Conception*, New York: Charles Scribner's Sons, 1984.

26) Andrews, Lori B. "Alternative modes of reproduction", In Sherrill Cohen Nadine Taub (eds.) *Reproductive Laws for the 1990s*, 1988, pp.71～72.

27) Anderson, E. S. *Value in Ethics and Economics*, Cambridge, MA: Harvard University Press, 1993, pp.168～169.

28) Rothman, B. K. *Recreating Motherhood: Ideology and Technology in a Patriarchal Society*, NY: W.W.Norton, 1989.

29) 『문화일보』 2007년 8월 1일자 기사.

30) 『한국경제신문』 2007년 7월 27일자 기사.

31) 『세계일보』 2007년 7월 11일자 기사.

32) 『경향신문』 2007년 7월 9일자 기사.

33) 노영란, 「정보윤리에서의 책임의 성격과 유형」 『철학』 86집, 한국철학회, 2006, 79～80쪽.

34) J.M.Kizza, *Social and moral Issues in the Information Age*, New York : Springer-Verlag, 1998, p.133.

35) 전석호, 『정보사회론: 커뮤니케이션 혁명과 뉴미디어』, 나남, 2002, 312～317쪽.

36) 임상수, 「지적 재산권의 정당화에 관한 정보윤리학적 접근」 『한국비블리아』 21권 2호, 한국비블리아학회, 2001, 39～45쪽.

37) 노영란, 앞의 논문, 90～94쪽.

38) 김상득, 『생명의료윤리학』, 철학과 현실사, 2000, 292쪽.

39) 임종식, 「안락사 정당화될 수 있는가」 『과학사상』 28호, 1999년 봄, 107쪽.

40) Dan W. Brock, "Voluntary Active Euthanasia", Ronald Munson, *Intervention and Reflection*, Belmont: Wadsworth/Thomson Learning, 2004, p.729.

41) William E. May, *Catholic Bioethics and the Gift of Human Life*, Huntington : Our Sunday Visitor, Inc., 2000, p.239.

42) 문시영, 『생명복제에서 생명윤리로』, 대한기독교서회, 2001, 96쪽.

43) Daniel Callahan, "When Self-Determinations Runs Amok", Ronald Munson, *Intervention and Reflection*, Belmont : Wadsworth/Thomson Learning, 2004, p.714.

44) James Rachels, "Active and Passive Euthanasia", R, Chadwick & D. Schroeder, (ed.), *Applied Ethics II*, New York; Routledge, 2002, p.254.

45) 이종원, 「안락사의 윤리적 문제」『철학탐구』, 중앙대학교 중앙철학연구소, 2007, 163쪽.

46) Tooly, Michael, Voluntary Euthanasia: Active versus Passive, and the Question of Consistency, *Revue Intenationale de Philosophie*, 49(3), 1995, pp.305~322.

47) Rachels, James, Euthanasia, in Tom Regan (ed.), *Matters of Life and Death*, 1993, p.33.

48) 김상득, 앞의 책, 325쪽.

49) 이창영, 「안락사」『사목』 285집, 2002년 10월, 151쪽.

50) Daniel Callahan, op. cit., p.715.

51) J. Gay-Williams, op. cit., p.708.

52) Ibid, p.710.

53) Louis P. Pojman, *Life and Death*, Belmont : Wardworth Publishing Company, 2000, p.88.

54) 이종원, 앞의 논문, 155~183쪽.

55) 『한국경제신문』 2007년 2월 2일자 기사.

56) 『경향신문』 2007년 5월 31일자 기사.

57) 로빈 아트필드, 구승회 역, 『환경윤리학의 제문제』, 따님, 1997, 66~84쪽.

58) 구승회, 『에코필로소피』, 새길, 1995, 59~68쪽.

59) 구승회, 위의 책, 18~24쪽.

60) 조용개, 「환경윤리로서의 생태중심 생명가치관에 관한 논의」, 한국환경철학회 엮음, 『생태문화와 철학』, 금정, 2007, 89~92쪽.

61) 안건훈, 「자연권, 자연의 권리, 생태민주주의」, 한국환경철학회 엮음, 『생태문화와 철학』, 금정, 2007, 13~31쪽.

62) Bob Bermond, "The Myth of Animal Suffering", Susan Armstrong and Richard Botzler (ed.), *The Animal Ethics Reader*, London: Routledge, 2003, p.79.

63) Bernard Rollin, "Animal Pain", Susan Armstrong and Richard Botzler (ed.), *The Animal Ethics Reader*, London: Routledge, 2003, p.86.

64) 김진석, 「동물환경과 환경보호는 동지인가 아니면 적인가?」『문학과 환경』 5권 1호, 문학과 환경학회, 2006.6, 119~120쪽.

65) Varner, Gary E., *In Nature's Interests?: Interests, Animal Rights, and Environmental Ethics*, NY: OUP, 1998.

66) Francione, Gay L., *Rain without Thunder: The Ideology of the Animal Rights Movement*, Philadelphia: Temple UP, 1996.

67) Callicot, J. Baird. *Earth's Insight: A Survey of Ecological Ethics from the Mediterranean Basin to the Australian Outback*, Berkeley: University of California

Press, 1994.

68) Benton, Ted, *Natural Relations: Ecology, Animal Rights and Social Justice*, NY: Verso, 1993.

69) Edward Wilson, *On Human Nature*, Cambridge, Mass.: Harvard University Press, 1978. 이한음 옮김, 『인간 본성에 대하여』, 사이언스 북스, 2001, 17쪽.

70) 같은 책, 83～86쪽.

제3장
문화와 민족, 갈등과 공존

Ⅰ. 인종과 민족의 갈등과 대립

1. 인종문제와 사회진화론

최근 러시아에서는 인종 간 갈등이 폭력 사태로 치달았다. 2006년 9월 3일은 2년 전 체첸 반군이 주도한 베슬란 사태가 비극적인 유혈 진압으로 막을 내린 날로서, 사건이 일어난 러시아 남부 북(北)오세티야 공화국 베슬란 제1공립학교에서는 이날 오전 186명의 어린이 희생자를 추도하기 위한 조종이 울렸다. 희생자에 대한 묵념이 진행되던 바로 그 시간, 서북부 카렐리야 공화국 콘도포가 시에서는 캅카스 지방에서 이주한 체첸인과 러시아인 사이의 해묵은 갈등이 폭력 시위로 번졌다.

2,000여 명의 극우파 러시아 청년과 주민은 캅카스 출신 상인들이 운영하던 식당과 가게에 불을 지르고 "불법 이주자를 몰아내자"며 시위를 벌였다. 시위대는 다른 체첸 상인들이 운영하는 음식점과 옷가게 가판대에도 불을 질렀다. 캅카스 지방에서 이주한 주민 수백 명은 이 사태로 콘도포가 지역을 떠나 몸을 숨겼다고 러시아 일간지가 보도했다.

인종 갈등에 따른 폭력 사태는 모스크바 시내에서도 일어났다. 2006년 8월 21일 러시아 대학생 3명이 모스크바 동북쪽 체르키좁스카야 시장에서 사제 폭발물을 터뜨렸다. 아시아 출신 상인과 어린이 등 10명이 숨지고 55명이 다쳤다. 뒤늦게 경찰에 붙잡힌 대학생들은 "유색 인종이 몰려드는 시장을 테러 목표로 삼았다"고 말했다. 러시아 내부의 이 같은 인종 분쟁은 공권력으로 해결할 수 없는 지경으로 더욱 확산되고 있다. 주로 러시아 북부와 시베리아 지역에서 활동하던 폭력조직 스킨헤

드는 사회주의 붕괴 이후 오히려 세력을 확대해 모스크바 시내에서도 외국인에 대한 무차별 테러를 자행하고 있다.[1]

한국내 타인종·외국인 100만 명 시대가 눈앞에 다가왔다. 외국인 노동자가 대거 유입되고 있으며, 농촌총각들의 국제결혼과 이에 따른 아시아계 여성들의 입국이 급격히 증가하고 있다. 같은 민족인 조선족의 유입도, 비지니스와 취업 등을 목적으로 한 선진외국인들의 국내진출도 꾸준히 증가추세에 있다. 한국 사회가 다인종, 다민족, 다문화 사회로 접어들고 있는 것이다. 혹자는 5000년 단일 민족사회의 신화가 깨질 조짐을 보이고 있다고 진단한다.

2005년 말 기준 법무부 통계에 따르면 국내 거주 외국인은 74만 7,467명으로 전체 인구(4,800만여 명)의 1.5%를 넘어섰다. 대법원에 따르면 2006년 국제결혼건수는 3만 9,071건으로 전체(33만 7,528건)의 11.6%를 차지했다. 국제결혼 상대방의 68.8%가 중국과 베트남 출신이었으며 대부분이 여성이다. 농촌총각은 4명 중 1명이 베트남이나 필리핀 등 동남아시아 여성을 배우자로 맞고 있다. 바야흐로 우리도 다민족, 다문화 사회로 접어들었다.

한국인과 외국인 사이에서 태어난 코시안(Kosian)과 아메라시안(Amerasian) 등 혼혈인 3만 5천여 명(2003년 말 기준)과 밀입국 조선족 등 통계에 잡히는 않은 외국 출신인을 합할 경우 국내 거주 타민족 혹은 외국인은 80만 명(전체인구의 1.7%)을 넘어설 것으로 추산된다. 이들 중 아시아 출신이나 러시아 등 동유럽, 남아메리카, 아프리카 등 낙후지역 출신 외국인들은 미국이나 일본 등 선진국 유입 외국인과 달리 한국에 정주하려는 특징이 강하다. 사실상 한국사회 구성원의 일원인 셈이다. 교육부에 따르면 2005년 10월 현재 혼혈학생은 고등학생 206명, 중학생 583명, 초등학생 5,332명으로 저학년일수록 그 수가 크게 늘어나고 있다.[2]

그러나 이들 타인종·외국인들이 겪는 차별은 심각하다. 선진국에서 들어온 외국인들은 그래도 나은 편이지만 동남아 국가 외국인이나 혼혈인에 대한 냉대는 특히 심각하다. 이제 한국사회가 '다름'과 '차이'를 인정하고 이들을 수용하지 않을 경우 프랑스 등 유럽국가들이 겪고 있는 인종 갈등과 같은 사회적 충돌도 배제할 수 없을 것이다. 또한 이에 따른 경제적, 사회적, 정치적 비용은 한국 사회의 근간을 뒤흔들 수 있다.

따라서 다민족, 다인종, 다문화 사회를 포용할 수 있는 법적, 제도적 장치를 시급히 마련하고, 인종·민족차별적 전통의식을 세계화시대에 걸맞은 열린 의식으로 전환하는 운동에 나서야 한다. 이제 외국인 노동자나 혼혈인의 증가로 인해 한국도 복합국가가 되고 있으며, 이에 따라 배타적 국수주의와 민족주의에서 벗어난 다문화 사회를 준비해야 할 시점에 있다. 이제 우리사회가 다민족, 다인종 국가로 진입하기 위해서는 풀어야 할 과제가 많다. 한쪽의 가치를 강요하는 일방적 통합이 아니라 서로를 이해하는 문화를 만들고 '소통'이 반드시 필요한 상황이다. 그런데 이러한 인종문제는 다윈의 진화론과 이 진화론에 근거한 19세기 사회진화론과 관련이 있다.

다윈이 『종의 기원(The Origin of Species)』과 『인간의 유래(The Descent of Man)』라는 책을 발간할 당시에는 자연선택에 의한 진화의 이론이 학설로서 확고한 지위를 가지지는 못했다. 그의 진화론이 인정받게 된 것은 이후 멘델(Gregor Mendel)의 유전법칙과 왓슨(James Watson)과 크릭(Francis Crick)의 DNA구조 해명과 더불어 일어났다. 따라서 다윈시기의 진화론은 과학적 증명을 받을 길도 아직 없었고 진화를 이루는 메커니즘에 관한 일치된 학설도 뒤따르지 않은 상태였다. 또한 진화가 지향하는 궁극적인 면이 무엇인가도 정확히 알 수 없는 상황이었다. 오히려 진화론은 과학보다는 신을 대신한 형이상학적 원리로 받아들여졌다. 사람들은 진화가 발전적으로 이루어지며 진화 과정 자체가 선이라고 생각했는데, 이는 진화의 최고 정점에 있는 것이 인간이라는 생각을 뒷받침해 주었다.

따라서 19세기의 사회진화론(Social Darwinism)은 진화의 특징을 도덕적인 지침으로 삼고자 시도하였다. 사회진화론자들은 진화로부터 인간의 삶의 지침을 구하여 사회의 각종 제도를 확립하고자 하였다. 이로 인해 동물에 대한 인간의 차별은 말할 것도 없고 인종차별이나 성차별까지도 옹호하는 입장을 취하였는데, 이로 인한 폐해는 적지 않았다. 결과적으로 약육강식이 정당화되었고 사회적 약자들의 삶은 철저히 유린당하게 되었다.

사회진화론자들의 이러한 견해에 대하여 몇 가지 비판이 있을 수 있다. 다윈에 따르면 진화란 아주 서서히 진행되는 과정으로서 특정 생명체는 그 과정에서 주변환경의 유리함으로 하여 우연히 살아남은 것이지, 그 생명체가 다른 생명체에 비하여 도덕적으로 우월하거나 강자이기 때문에 살아남은 것은 아니라는 것이다. 따라서 진화는 발전이며 인간은 진화의 피라미드의 최고지위를 차지하고 있다는 것은 옳지 않다. 이는 인간을 중심으로 한 일종의 형이상학이다.

또한 만약 목적론적 진화론이 옳다고 할지라도 상위의 존재들이 하위의 존재들을 마음대로 좌지우지할 수 있다는 것은 잘못된 생각이다. 그러한 논리라면 인간보다 높은 지위에 있는 존재가 출현한다고 가정했을 때, 그 존재가 인간을 식용으로 사용하지 말라고 할 근거가 없게 된다.[3] 하지만 진화는 생물 종들이 태초부터 살아온 과정에 대한 설명이며, 그 자체가 가치중립적이다. 이는 지극히 우연히 이루어지는 과정으로서 특정 존재가 우월하거나 열등하거나 하는 것과 상관없이 이루어지는 것이다. 따라서 진화는 단순히 주어진 환경에 대한 생명체의 적응방식이며 진화 자체는 선도 아니고 악도 아닌 것이다. 진화는 가치중립적인 것으로서 어떠한 판단도 개입되어 있지 않다.

인종이란 피부색과 머리카락의 모양, 인체 계측을 통해 드러나는 신체적 차이를 근거로 인류를 황인종이나 백인종, 흑인종 같은 몇몇 범주로 구분하는 개념으로, 19세기의 진화론적 세계관과 맞물려 소개되었다. 즉 19세기 말부터 20세기 초에 걸친 진화론의 확립과 더불어 신체적, 생물학적 특성과 지적 능력, 감정적인 상태와의 연관성에 대한 아이디어가 유행하기 시작하였다.

이러한 인종이라는 개념은 생물학에서 생물체들을 분류하기 위해 고안한 종의 개념을 차용한 것으로, 초기에는 단순히 인류를 신체적 특징에 따라 각각의 범주로 분류하는 데 사용되었다. 그러나 19세기 말에 식민통치를 통해 피부색과 신체적 외모가 다른 사람들과 만나게 된 서구의 백인들은, 다른 인종들이 처한 열악한 환경과 미개한 문명 수준을 해당 인종의 진화론적 발전 단계로 이해하게 되었고, 이것이 인종주의의 시초가 되었다.[4]

이를 토대로 서구의 우월함을 만드는 과정에서 비서구인의 신체적, 생리학적 특성에 대한 부정적인 생각을 하게 되었고, 이 부정적인 상상이 인종개량론, 민족개조론 같은 제국주의 및 식민주의적 담론을 생산해내게 되었다.[5] 결과적으로 인종주의는 시간이 흐름에 따라 백인, 황인, 흑인의 피부색에 따른 서열화 된 인식 체계로 자리 잡게 되었고, 지배력을 갖춘 인종집단이 그렇지 못한 타자에 대해 행사하는 매우 포괄적인 권력으로서, 피부색의 차이에서 출발하여 궁극적으로는 몸과 정신, 문화적 본질까지 뭉뚱그려 설명해 버리는 환원적 인식 틀로서, 그리고 이를 뒷받침하는 물리적 권력유형으로 기능하였다.

따라서 현재 우리가 갖고 있는 차별의 기제로서의 인종 개념은, 앞에서도 살펴본 바와 같이 절대적인 기준하의 생물학적이고 과학적인 개념이라기보다는, 생물학적인 차이에 근간한 사회·문화적 구성물로서의 개념으로 볼 수 있다. 다시 말해서, 임의적인 기준에 의한 단순 생물

학적 분류 중 하나일 뿐인 인종이라는 개념에, 또한 임의적으로 사회·
문화적인 의미를 부여하고, 그에 따라 인종 간에 능력의 차이를 주장하
면서 차별하는데 사용된 개념일 뿐이라는 것이다.

즉 비서구인들을 지배하게 된 유럽인들이 자본주의의 성장과 더불어
새로운 지배세력으로 등장하면서, 자신의 지배계급을 유지하기 위해 인
종의 사회적 질서를 확립했고, 특정 인종을 열등한 인종집단으로 낙인
찍음으로써 노동시장에서 저임금을 받아 마땅하다는 인식을 확산시키
게 되었다는 말이다.

그러나 지금까지 살펴본 바와 같이 인종이라는 개념은 비록 눈으로
드러나는 실제적이고 과학적 차이가 있는 구분이지만, 그런 차이를 낳
는 기준이 임의적이고, 또한 그러한 기준에 의해 구분된 인종의 능력
차이를 주장하고 차별하는 것은, 사회적이고 문화적으로만 의미를 가질
뿐 과학적으로는 아무런 근거가 없다. 이러한 이유로 과거, 인종·문
화·소문화·부족·계급 등의 표현들이 사용되던 자리에 종족, 혹은
종족성이라는 개념을 사용하게 되었다. 종족 집단을 구성하는 특질인
종족성은 혈연관계나 언어, 종교, 역사와 같은 문화적 유산으로 표현된
다. 따라서 가족이나 친족에게 느끼는 정서적 감정과 마찬가지로 종족
성도 따로 설명할 필요가 없는 같은 문화를 공유하는 범주인 것이다.

인종이라는 개념이 신체적 특징에 근거하여 분류한 것인 반면에, 종
족은 사회·문화적 요소에 의거하여 구분하는 개념이다. 즉 종족성은
언어·종교·역사 등 다양한 분야의 사회·문화적 요소에 의해 결정되
는 것이다. 또한 종족성은 문화적 특질에 의해 결정되기 때문에 요즘같
이 문화 교류가 활발한 세계화 시대엔 종족성이 약화될 수도 있고 변할
수도 있다.

문화 공유의 측면에서 종족성을 바라보면 문화의 변동이나 동화는
종족성 형성에 큰 영향을 끼치게 된다. 실제 미국사회는 다양한 이민자

로 구성되어 다양한 종족 집단들이 모여서 새로운 문화와 사회를 만들었다고 믿어왔지만, 실제로는 그들만의 다양한 문화가 유지되며 미국 사회 속에서 각자의 색깔을 띠고 전통을 유지하고 있다. 이러한 측면에서 종족성은 다른 집단과 자신들을 구별하기 위해 만들어내는 집단들 간의 경계에 주목해야 함을 강조한다. 문화간 접촉 상황에서 종족 집단은 자신들과 타자와의 경계를 유지하고 만들어내기 위해 상황에 따라 상이한 문화 특질을 선택한다는 것이다.

2. 민족주의 문제

세계화된 지구촌 곳곳은 최근 인종과 민족문제로 갈등양상을 보이고 있다. 아시아, 아프리카, 러시아 할 것 없이 인종과 민족분쟁은 세계의 평화와 공존을 위협하고 있는 실정이다. 아시아의 신흥 경제강국으로 부상하던 말레이시아도 인종 갈등으로 정국 불안 조짐을 보이고 있다. 말레이시아는 원주민인 말레이계(65%) 이외에 중국계(25%)와 인도계(10%)로 구성되어 있는데, 최근 말레이시아의 집권당 '통합말레이국민기구(UMNO)'의 전당대회에서 일부 참석자가 "인종과 종교를 지키기 위해 기꺼이 목숨을 걸고 피로 몸을 씻을 것"이라면서 인종 갈등을 부추겼다. 또 이슬람 학교에서는 여학생들에게 이슬람 복장을 갖춰 입도록 규정했고 심지어 학생들에게 말레이계 학생들과 함께 다닐 것을 지시하기도 했다. 이코노미스트는 말레이시아의 경제성장을 이끌어온 민족주의 정책이 이제는 오히려 경제 침체의 원인이 되고 있다며, 말레이시아에 생산기지를 두고 있던 세계 최대 반도체 제조사 인텔이 새 공장을 베트남에 세운 것을 상기시켰다.[6)]

또한 10여 년 전 르완다와 보스니아에서 벌어졌던 학살의 참상이 수단의 다르푸르에서 재연되고 있다. 두 분쟁의 양상을 합친 듯, 국제사회의 얽힌 이해관계 속에서 해결의 실마리를 찾지 못하는 것도 비슷하다. 다르푸르에선 이미 20만 명의 사망자가 발생했지만, 비극은 더 확대될 수 있다. 2003년부터 지속된 다르푸르 분쟁의 근원은 영국 식민통치가 조장한 지역·종교·인종 갈등이다.

수단은 1956년 독립 뒤 북부 이슬람계와 기독교 및 토속신앙을 믿는 남부 흑인들 사이의 내전에 시달렸다. 식민 유산에 따른 인종 갈등, 민병대나 무장단체들의 민간인 학살, 인종청소, 현지 정권의 학살 방조, 이해관계로 나눠진 무기력한 국제사회, 르완다와 보스니아 분쟁에서 제기됐던 모든 문제가 다르푸르에서 나타났다. 유엔은 1995년 '스레브레니차 보고서'를 발표해, 보스니아에서의 학살을 막지 못한 것을 자성하고 같은 실책을 다시 저지르지 않겠다고 다짐했다. 하지만 수단의 참상은 이 약속을 공허한 메아리로 날려버리고 있다. 인류의 비극에 뒷짐만 지는 국제사회의 모습은 낯익은 광경이다.

1994년 아프리카 르완다에서 후투와 투치족의 갈등으로 100일 동안 무려 80만 명이 학살된 대참상에서도 국제사회는 방관자였다. 다수 부족 후투족(85%)이 소수파 투치족(14%)을 학살할 때 이 나라엔 유엔평화유지군 2,500명이 주둔하고 있었다. 유엔은 투치족 20만 명이 학살당하는 등 대재앙이 본격화될 무렵인 1994년 4월, "감시 활동이 무의미하다"며 270명을 제외한 전 병력을 철수시켰다. 이 후 양 부족간의 보복이 지속되면서 50만 명의 학살자가 추가로 발생했다. 미국은 르완다 학살을 종족 근절을 위한 학살(제노사이드)로 인정하는 것마저 거부했다. 빌 클린턴 당시 미국 대통령은 최근 르완다를 방문해 당시 학살을 수수방관한 것을 사죄했다.

1992년 3월 옛 유고연방에 대해 보스니아/헤르체고비나의 독립 선언으로 촉발된 보스니아 내전에서도 마찬가지이다. 유엔은 같은 해 4월 세르비아계와 이슬람계의 충돌이 유혈내전으로 곪아터진 8월에야 3만 명의 평화유지군 파견을 결정했다. 이들의 구실도 미미했다. 평화유지군에 의해 안전지대로 보호받던 이슬람계 거주지역 스레브레니차에 1995년 7월 세르비아계 민병대가 들어와 단 5일 동안 8천 명의 이슬람계 남자를 대량 학살했다.

19세기에 자유주의가 만개할 때는 민족 간의 갈등도 적었다. 그러나 20세기 들어 각국이 보호주의로 돌아서면서부터 국제적 갈등이 야기되기 시작했고 급기야 두 차례의 세계대전을 겪게 되었다. 대전 후 세계는 보호주의의 문제점을 깨닫고 자유주의의 대외적 표현인 세계화를 위해 노력하게 되었다. 오늘날은 세계화의 시대이다. 세계화란 시장 확대와 통합이 전 세계적으로 확대된 것이고 이를 다른 말로 하면 자본주의의 전지구화라고 할 수 있다. 이러한 세계화는 이미 19세기 후반에 시작되었는데, 1차 대전 이전에 벌써 무역 및 해외 투자가 상당히 이루어지고 있었고, 국제적 이민에 대한 정치적 장애도 낮아 20세기 초가 20세기 말보다 더 세계화되어 있었다고 말할 수 있을 정도였기 때문이다.

그러나 두 차례의 세계대전과 대전 사이의 대공황은 세계 시장 통합을 반세기 가량 지연시켰다. 다행히 그 후 운송 및 통신비를 줄이는 다양한 기술 변화에 의해서, 사람과 재화 및 정보의 이동을 가로막는 장벽을 낮추어야 한다는 자유주의 사상과 정치적 결정 및 정책에 의해서, 세계화는 다시 속도가 붙게 되었다. 그리하여 우리는 상품 및 서비스의 무역과 해외 직접 투자가 급격히 증대하고 여러 종류의 장벽과 국경이 계속 줄어드는 더욱 연결된 세계에 살고 있다.

민족은 근대적 영토국가의 출현과 더불어 등장한 공동체로, 국가의 주권이 미치는 경계와 역사적, 문화적, 혈연적 공동체의 경계가 일치하는 경우를 말한다. 1884년 이전에는 한 지방, 한 나라 또는 한 왕국 등의 거주민의 집합체 뿐 아니라 외국인까지도 의미했으며, 오늘날에는

'공통의 정부인 최고 중앙을 인정하는 국가 또는 정체' 그리고 또한 '그 국가와 개별국민으로 구성되어 하나의 전체로 간주되는 영토'를 뜻하는 개념에서 종족적 기원이 동일하고 일반적으로 동일한 언어를 쓰며 공통의 전통을 지닌 사람들의 집합체를 말하는 것이 되었다.

민족 개념은 혈연·지연·언어·역사·문화·경제생활·종교적 전통을 같이하는 인간 집단이라는 객관적 요소와 민족의식이나 일체감 등, 운명 공동체에 속한다는 공통된 믿음을 나누는 사람들의 집단이라는 주관적 요소에 근거하고 있다. 민족의 유형은 다음과 같은 3가지가 있다. 첫째는 '순수한 자연적 민족형(pure nation)'으로, 이는 단일한 문화유형을 보유한 민족을 의미하는 것으로, 역사적·정치적으로 파악되는 기본적인 민족 개념이다. 한국이 바로 이의 전형적인 예가된다. 둘째는 '다문화 공존의 제국형(multicultural imperium)'으로, 이는 독특하고 다양하지만 법률과 행정 체계로 연결된 여러 문화를 조각조각 엮어 하나의 통일된 조직으로 만들어낸 민족 유형이다. 인도, 스위스, 또는 구소련 등 연방국가나 국가연합이 이에 속한다. 세 번째는 상당히 새로운 개념으로서, '하나로 동화된 혼성형(assimilationist hybrid)'이 바로 그것이다.[7)]

이와 같은 세 가지 유형은 각기 나름대로의 단일성과 다양성의 균형을 취하고 있다. 게다가 이들은 모두 필요에 따라 사회적으로 만들어진 유형이라고 할 수 있으며, 나름대로 이데올로기와 작동 원리를 지니고 있다. 대부분의 경우 혈통을 강조하던 순수한 인종유형이 현재의 상황을 중시하는 혼합형으로 대치되어 가고 있는 것이 탈근대 지구화 과정으로 진행하고 있는 오늘의 현실이기도 하다. 이러한 상태에서 과연 종교나 문화, 인종이 진정으로 태생적이거나 자연적일 수 있는지도 의문이다. 실제로 역사에 등장하는 대부분의 민족은 순수 형태의 복합체로 나타난다.

우리가 사용하는 민족주의와 같은 의미의 개념이 성립되기 시작한 것은 서구에서는 중세 이후의 일이다. 당시 지역적 애향주의나 왕조적 충성심의 차원에 지나지 않았던 공동체의 유대의식은 근대에 들어와 시민혁명 등의 역사적 사건들을 거치면서 적극적 민족의식으로 발전하였고, 자연적 감정의 발로인 애국주의보다는 하나의 이데올로기로 발전하기 시작했다. 프랑스 혁명 등 시민혁명에 의해 활성화된 귀족적 민족주의, 엘리트 중심의 민족주의는 민족 전통, 민족적 유대감에 대한 지나친 집착으로 인해 20세기 초반에는 파시즘적, 국수주의적 경향으로 나타난다. 이와는 달리 소시민, 노동자 계급에서 배태된 민족주의는 사회주의 이데올로기와 결합되어 제2차 세계대전 전후 제3세계 민족해방운동의 이념적 기초가 되었다.

이처럼 민족주의는 다른 민족의 이익보다 자민족의 이익을 앞세우는 사상이다. 민족주의가 외세나 왕조로부터의 독립과 자유를 쟁취하거나 개인의 권리를 확보하고 정부 독재를 견제하는 데 사용될 때는 순기능을 발휘한다. 이때의 민족주의는 자유헌법 체제를 수립하는 데 기여한다. 과거 한국에서 일제로부터 주권을 회복하는 데 민족주의는 강력한 정신적 무기가 되었고, 19세기 이탈리아에서는 여러 국가들로 분열되어 있는 민족이 하나의 국가로 통일하는 데 마치니의 민족주의 운동이 기여했다.

그러나 민족주의가 자유주의에 기초하지 않을 때는 외국과 외국인에 대한 배타주의로 흐를 소지가 많다. 민족주의는 본래적으로 자민족의 이익을 위해 외국인을 차별하려는 속성을 가지고 있기 때문이다. 타 국민(민족)을 자국민(민족)과 차별하고 해외 생산자와 국내 생산자를 차별한다. 차별하는 것에서 더 나아가 타 국민(민족)과 해외 생산자를 배척하고, 심지어 다른 국가(민족)를 정복하려 들기까지 한다. 이러한 공격적 민족주의의 예는 민족주의와 국가 사회주의가 결합되어 자국민들과

이웃 국가들에 말할 수 없는 피해를 입힌 독일의 나치즘이나 이탈리아
의 파시즘 그리고 일본의 군국주의에서 극명한 예를 볼 수 있다. 민족
주의는 민족 우월주의나 인종 차별주의로 발전하여 전쟁으로 치달을
수 있는 것이다.

이에 비해 동북아시아에서의 민족주의는 우선 발생사적으로 서구의
민족주의와 다르다. 서구의 민족주의가 시민혁명에 의해 촉발되었다면,
근대적 의미의 동아시아 민족주의는 외부로부터의 대외정치적 침공에
대한 응전의 형식으로 시작되었다. 19세기 대부분의 동아시아국가는
서구 열강의 직접적 혹은 간접적 침략을 경험했으며, 이러한 외부적 충
격은 각 국가에 있어서 근대적 민족주의의 초기관념을 불러일으켰다.
특히 세계화시대의 동아시아에서는 전지구적 탈냉전 질서가 민족주의
를 완화시키기보다는 이를 재활성화 시키는 작용을 하고 있다.

일본에서는 소위 '자유주의 사관'에 입각한 국가주의의 부활이 시도
되고, 중국의 경우 동북공정의 시도에서 보듯이 영토적 민족주의를 이
데올로기화하고 있으며, 한국에는 반미·자주의 폐쇄적 민족주의가 일
어나고 있다. 최근 독도문제를 둘러싼 한국과 일본의 대립, 센카쿠 열도
를 둘러싼 중국과 일본간의 대립, 일본의 역사왜곡과 관련한 중국의 반
일집회의 결집 등으로, 동북아시아는 탈냉전의 국제질서에도 불구하고
민족주의적 대립이 가중되고 있다. 동아시아에서의 신민족주의의 분출
은 세계화 자체에 대한 저항과 방어라는 차원에서보다는 냉전체제의
이완이라는 국제질서의 변화에 기인하는 측면이 강하다.[8]

이처럼 세계화 시대의 도래와 함께 동아시아에는 영토, 과거사 등으
로 매개되는 민족주의가 새로이 분출되고 있다. 세계화 시대를 맞아 이
지역의 주요 국가인 한·중·일의 민족주의는 지역적 차원에서 조화를
이루기보다는 내적 분출과 외적 마찰의 패턴을 나타내고 있는 것이다.

한편으로는 동아시아를 하나의 문명과 지역의 단위로 보고 역내의

협력을 고양시키고 장기적으로 공동체적 통합을 추진하려는 다양한 방식의 '동아시아 담론'이 제기되고 있다. 세계화 시대를 맞아 동아시아의 민족주의는 한편으로 '재국민화', '재민족화'[9]의 분출을, 다른 한편으로 '지역화'의 모색으로 새로운 국면을 맞고 있는 것이다.

전지구적인 차원에서의 국가간 연결, 국경을 초월한 다양하고 다층적인 관계의 집단적, 국제적 수준의 공치(governance)의 복합화를 전개시키는 세계화는, 주권성에 기반하고 국민국가의 형성과 통합, 발전을 견인시킨 근대 민족주의 이념에 대한 변형력이자 도전이 될 것이라는 것이 일반적인 판단이다. 세계화 시대에는 반세계화 연대의 긴장이 격화될 수 있는 구조가 존재하고, 이로써 국가독립, 혹은 반제국주의 저항의 패턴을 보였던 주변부 민족주의가 반세계화 연대, 국가 정체성의 방어라는 맥락에서 새로이 분출되는 양상을 보인다.

세계화 시대의 민족주의는 보편성(세계성)의 확대와 특수성(민족성)의 추구라는 양 흐름의 현상적 상호작용이라는 논리적 평가보다는, 세계화에 대한 국가위상(중심/주변부)에 따른 대응의 편차, 국가 자체의 성격(국가성) 및 민족주의적 고유성의 차이, 그리고 지역(정치)질서의 유동성 등 보다 복합적인 차원의 문제와 함께 고려되어야 한다.

한편 한국에서의 근대적 민족주의는 외세의 제국주의적 침략이라는 상황에서 형성되었다. 즉 근대 민족주의는 제국주의와 그에 대한 저항이라는 맥락에서 발생했다고 할 수 있다. 또한 한국은 민족주의와 자유주의·공산주의 사이에서 착잡한 긴장을 겪어왔다. 자유주의와 공산주의의 양분은 민족주의와 엇갈린다. 진정으로 민족주의를 추구한다면, 남과 북이 하나라는 것을 강조해야 한다. 하지만 자유주의와 공산주의의 대립은 민족을 애초에 갈라놓고 있다. 따라서 민족주의와 자유주의·공산주의를 동시에 주장하는 것은 논리적 이율배반을 함축하게 된다. 이 이율배반의 질곡이 한국 현대사를 수놓았다.[10]

　한 가지 명심할 것은 자유주의든 사회주의든 대부분의 근대 정치사상들이 아예 새로운 기반 위에서 근대 사회를 구성하려 한데 비해(진화론적·진보주의적 사고) 민족주의는 '전통'이라는 연속주의의 기반 위에 선다는 사실이다. 민족주의는 근대적 개인주의와 합리성보다는 중세적 집단주의와 감정을 더 중시한다. 이 점에서 민족주의는 말하자면 종교적·신화적이며 근대성의 이물질이다. 민족주의는 근대에 꽃피었지만 근대 바깥을 지향한 사조이다. 이 사실은 왜 '근대의 초극'이 근대 이후가 아니라 근대 이전의 냄새를 피우고 있는지를 잘 설명해 준다.[11]

　그러나 21세기에도 민족주의는 사라지지 않을 것이라는 전망이 크다. 20세기의 승자라고 할 수 있는 자유민주주의는 민족주의와 결국 그 승리를 나누게 될 가능성이 크다. 이제 자유주의와 민족주의는 그 가치, 규칙행위 방식, 사회 정의에 대한 개념, 현실 정책의 범위 등의 사고체계 내에서 민족적 확신이라는 감정이 어떠한 역할을 하고 있음을 인식해야만 한다. 실제로 많은 곳에서 민족주의는 민주주의와 같이 나아가고 있으며, 실제로 자유와 평등의 가치를 공유하면서 민족갈등의 해결에도 공헌하고 있음을 본다.[12]

　세계화 시대에서의 민족주의는 자유주의에 기초한 민족주의여야 한다. 자유무역은 국민들이나 민족들 사이를, 그리고 국내 생산자와 해외 생산자를 차별하지 않는다. 지구화 과정의 와중에서, 이제 민족국가가 더 이상 집단 정체성과 문화적 동질성의 유일한 단위가 될 수는 없다. 집단 정체성으로서의 민족주의는 문화적 동질성을 명백히 내세울 수 있는 종족의 명분으로 작용하게 될 가능성이 크다. 따라서 지구화 과정이 진행되고 있는 세계화 시대의 민족주의는 집단 정체성이라는 문화적 측면에서 이해될 필요가 있다고 본다.

Ⅱ. 문화갈등과 문화다원화

1. 문화제국주의, 부드러운 권력

문화제국주의(cultural imperialism)란 용어는 그다지 오래된 역사를 가지고 있지는 않다. 이 용어는 20세기 후반에 등장했는데, 정치적·경제적 권력을 사용하여 외국문화의 가치와 관습을 찬양하고 퍼뜨려 본국 문화를 소실시키려는 시도를 말하기도 한다. 달리 말하면 다른 문화권에서 어느 한 민족의 문화나 언어를 증진시키려는 시도를 뜻하는 것으로서, 이 경우 그 민족은 규모가 크거나 경제적·군사적으로 강력한 국가인 경우이다. 이 문화제국주의는 공식적으로 실행되는 정책이나 일반적인 태도로 나타나는데, 오랜 세월 동안 사람들은 우세한 문화로 흡수되거나 그 문화에 간접적으로 공헌해 왔다.

이제 세계는 문화적으로 매우 가까워지고 있다. 전 세계 해외여행자의 연인원은 10억을 넘어설 것으로 추산되며 이들이 다른 문화와의 접촉을 통해 전파하는 범지구적 문화는 나름대로의 동질성의 폭을 넓힌다. 세계화의 과정 속에서 사람들은 그 전과는 비교가 되지 않을 정도로 타국과의 왕래를 통해 직접적이건 간접적이든 다른 나라의 문화를 접하게 된다. 이에 그 사회의 고유의 문화와 다양한 문화가 만나면서 이른바 문화 혼용 현상이 일어나는 것을 많은 부분에서 볼 수 있다.

19세기 영국 인류학자인 타일러(E. B. Tyler)는 문화에 대하여 다음과 같이 정의하였다.[13] "문화란 사회구성원으로서 습득된 지식, 믿음, 예술, 법, 관습, 그리고 다른 능력들의 복합적 총체이다." 이러한 타일러의 문화 개념에 근거하여 레이몬드 윌리엄스(Raymond Williams)의 문화에 관한 현대적 용례를 살펴볼 수 있다.[14] 첫째는 문화를 지적이고 정신적이며 미적인 발전으로 보는 경우이다. 둘째로는 문화를 특정한 민족적, 시대적, 집단별 삶의 양식 또는 일반적으로 인간적인 삶의 양식으로 보는 경우이다. 셋째로는 문화를 지적이고 특별히 예술적인 행위의 산물로서 보는 것이다. 문화제국주의가 함축하는 문화는 두 번째와 세 번째의 용례가 포함된다.

그런데 두 번째 용례인 '특정한 삶의 양식'에서 주목할 것은 '특정한 (particular)'이다. 우리가 복수의 '문화들'에 관하여 논할 때, 거기에는 하나의 '옳은(correct)' 인류 발전의 유형이 있다는 것이 전제된다. 즉 절대적인 것으로서의 유럽 중심적 유형으로서의 '문명'인 것이다. 이것은 훨씬 폭넓은 함축을 지니는데, 그것은 특정문화의 '탁월성'이며 이것이 바로 문화제국주의의 근본적인 의미이다. 윌리엄스의 세 번째 용례는 문화제국주의 담론에서 중요한 부분을 보여준다. '지적이고 특별히 예술적인 행위의 산물'이란 개념은 문화에 관한 가장 일반화된 일상적 이해일 것이다. 대부분의 사람들에게 문화가 의미하는 것은 '음악, 문학, 회화와 조각, 극장과 영화'이다.

타일러가 말한 '복합적 총체(complex whole)'라는 의미 또한 처리하기 쉬운 면이 있다. '어떤 생활을 하는가'라는 면들은 다른 사람들과 어떻게 구별되는 삶을 사는가의 문제이다. 소설을 읽는 것은 설거지 하는 것과 다르며, 영화를 보는 것은 일터로 가는 것과 구별된다. 따라서 문화제국주의 개념은 윌리엄스의 세 번째 용례와 가장 잘 맞아 떨어진다. 그러니까 고급문화와 연결된 지적이고 예술적인 행위들과 더 나아가 대중문화, 매스 미디어까지 포함하는 개념이 된다.[15]

턴스톨(J. Tunstall)의 문화제국주의 이론은 주로 미국에서 비롯된 교묘하고 상업적인 엄청난 양의 대중매체의 산물들의 무차별적인 공격에 의해 권위적이고 전통적인 지역문화가 강타되는 것으로 이해된다.[16] 대중매체와 연결된 현상들을 예로 들면 다음과 같은 것들이 있다. 영화 '왕과 나'의 방콕왕 샘에게 세련된 서구교양을 가르치는 영국의 안나부인의 존재는, 발달된 서구문화와 저급한 태국문화와의 대조를 보여준다. 지구평화를 지키는 영화 '아마겟돈'에서 나사(NASA)가 행하는 소행성 폭파는 미국이 지구의 치안국가라는 이미지를 부각시킨다. 이렇게 문화제국주의는 한편으로는 다른 나라에 강요하는 것으로 나타나기도 하고, 다른 한편으로는 다른 나라로 하여금 자발적으로 따르게 끔 하기도 한다. 그래서 문화제국주의가 다양한 의미로 쓰이는데 '미디어 제국주의' 또는 '국적 담론' 같은 용어로 표현되기도 한다.

문화제국주의에서 중요한 문제는 말하는 주체가 누구인가 하는 것이다. 여기서 확실하게 짚고 넘어갈 문제는 출판물들의 엄청난 다수는 서구 언어로 되어있다는 점이다. 유네스코가 조사한 바에 따르면, 3분의 2 이상의 출판물들이 영어, 러시아어, 스페인어, 독일어와 프랑스어로 되어 있다.[17] 지구상에 3,500개의 언어가 있고 500개의 문자가 존재한다는 것을 감안한다면 이 사실은 문화제국주의를 상징하는 하나의 사건으로서 우리를 놀라게 한다.

문화제국주의에 관하여 다음과 같은 네 가지의 시각을 볼 수 있다. 첫째는 문화제국주의를 미디어 제국주의로 보는 것이다. 문화제국주의에 관한 엄청난 양의 논의들은 미디어, 즉 텔레비전, 영화, 라디오, 잡지, 광고 들 속에 담겨있다. 둘째는 국적담론으로서의 문화제국주의이다. 여기에는 국가적인 문화 정체성에 관한 논의들이 연결되어 있고 나아가 이 정체성의 문화제국주의에 의한 위협이 초점이 된다. 셋째는 세계자본주의에 대한 비판으로서의 문화제국주의이다. 이 논의를 일으킨 쪽은 네오 막시스트들이다. 이 입장은 정치적이기보다는 경제적으로 제국주의를 이해한 레닌주의의 전통을 계승한 것이다. 여기서는 현재의 세계를 세계 자본주의의 정치경제적 시스템으로 파악한다. 네 번째는 근대성의 비판으로 문화제국주의를 보는 것이다. 이 입장은 문화제국주의에 관해 무언가 직접적으로 공격하고 싶어 하는 이론가들이 가장 단골로 사용하는 담론이다.[18)

이처럼 20세기의 문화제국주의는 미국, 소련과 우선적으로 연결되어 있고 인접한 다른 나라와도 관련이 있다. 미국 밖의 나라들은 무역과 대중문화-대중적이고 학술적인 책들, 영화, 음악, TV 등-의 수입을 통하여 자신들의 독특하고 전통적인 도덕적 가치와 삶의 양식들을 위협받는다. 프랑스가 이 같은 미국화에 반대하는 정책을 쓰자, 리더스 다이제스트 같은 미국문화산업의 생산자들은 표면적으로라도 그 지역 독자들의 문화에 맞추는 것으로 맞대응했다. 중국 같은 경우는 20세기 이상 여러 세기를 걸쳐서 자신들의 문화와 종교를 주변 약소국에게 전파하여 중화주의를 유지해 왔다. 최근 미국에 대한 알카에다의 공격은 미국의 문화제국주의에 대한 반격이기도 하다.

근대에는 '이성'이라는 거대담론이 시대를 지배하고 있었다. 하지만 포스트모던한 세계에서는 이성이나 과학·종교·예술과 같이 지식과 진리의 절대성, 보편성 등을 주장하는 거대담론이 존재하지 않게 된다. 이제 거대담론들은 붕괴되고 그 타당성과 정통성은 몰락의 길을 걷게 된다. 포스트모더니즘은 절대 지식을 추구하는 어떠한 이론적 주장이나 보편타당성에 근거하는 어떠한 사회적 실천도 거부한다.

따라서 포스트모더니즘에 이르러서는 매스미디어와 대중문화가 사회를 통제하고 구체화하기 때문에 이들의 중요성이 강조되고, 문화와 사회 구별이 와해되어 간다. 이러한 생각은 대중문화의 기호들과 미디어 이미지들이 점점 더 우리의 현실감을 지배하게 되고, 또한 우리 자신과 우리를 둘러싸고 있는 세계에 대한 규정을 통제하게 됨을 가리킨다. 또한 이 문화는 내용보다 스타일을 강조하는데, 대중문화를 지배하는 것은 그 내용이나 본질 또는 의미 등이 아니라 외양, 스타일, 사물의 모습, 장난스러움, 농담 같은 것들이다.

포스트모더니즘 문화에서는 무엇이든지 스타일과 시뮬레이션, 그리고 외양이 절충적으로 결합되어 결국 하나의 농담이나 참조 또는 인용이 되어버린다. 대중문화 기호와 미디어 이미지가 우리의 현실감을 규정하고, 형식과 스타일이 내용 위에 군림하게 되며, 예술과 대중문화 사이의 의미 있는 구분과 분리가 유지되기 어려워진다. 따라서 포스트모더니즘에서는 우리가 지금까지 유지해 온 공간과 시간에 대한 통합적이고 일관성 있는 생각들이 손상되고 왜곡되며 혼동된다. 매스미디어의 발달로 인하여 시공간의 구별이 무의미해지는 현상이 바로 그 예이다.

마셜 맥루한(Marshall McLuhan)은 『구텐베르크의 은하계』와 『미디어의 이해』에서 미디어의 변화에 따른 문화의 변천사를 기술하였다. 그는 의미가 심오하여 참여도가 낮을 수밖에 없는 핫 미디어(라디오, 영화, 서적, 사진 등)와 의미가 가벼워 참여도가 낮은 대중매체(전화, TV, 만화 등)를 쿨 미디어로 정의하였다. 그리고 현 시대는 쿨 미디어의 시대라고 보았다.[19] 맥루한은 대표적으로 TV의 효과를 통하여 쿨 미디어의 현상을 설명했는데 TV는 철저히 꾸며진 정보를 닫힌 회로 속에서 계속적으로 반복 전달하며 시청자를 감각적으로 나르시즘적 루프로 빠져들게 만든다는 것이다. 이것은 빠른 속도로 흐르는 정보가 계속적인 주입을 통해 시청자를 동화시키는 효과를 가지며, 이를 통하여 시청자는 미디어를 통하여 자기 자신의 확장과 마비의 단계로 들어간다는 것이다.

이처럼 문화적 영향력은 때로는 '문화적 정체성'의 문제와 연결되는데 이것은 능동적이든 수동적이든 간에 우월한 문화에 대한 태도와 구별되어야 한다. 소비주의란 수입된 물건이나 용역이 가지는 특정한 가치와 관련된다. 이것은 외국의 상품이나 서비스를 이용하면서 수동적으

로 외국문화에 흡수당하는 경우이다. 이를 다른 말로 진부한 제국주의
(banal imperialism)라고도 한다. 20세기 후반과 21세기 초의 세계화된
경제는 신정보기술의 사용으로 이러한 과정을 더욱 촉진했다. 이러한
종류의 제국주의는 '부드러운 권력(soft power)'으로부터 추동된 것이다.
에드워드 사이드의 연구인 문화와 사회의 식민구조 연구는 상당 부분
푸코의 '권력' 개념과 담론에 근거하고 있다.

2. 문화갈등과 문화다원주의

현재 세계화는 경제적으로는 단일하게 진행되고 있지만 문화적·정
치적으로는 복합다원주의 체계로 진행되는 측면이 있다. 베를린 장벽의
붕괴와 사회주의 체계의 와해는 세계의 평화유지에 대한 기대를 주었
지만, 현실은 그렇게 진행되고 있지만은 않다. 세계는 대립과 화해를 진
전시키거나 해묵은 갈등과 대립을 다시 만들어 내기도 한다.

문화다원주의(cultural pluralism)의 근원은 거슬러 올라가면 1960년
대의 진보주의와 사해동포주의 또는 1970년대의 포스트모더니즘과 탈
구조주의와 필연적으로 만나게 된다. 이 사조들은 당시 타문화에 대한
관심과 활발한 동서문화교류를 촉진시켰으며, 각 대학에 소수인종연구
소나 학과나 프로그램을 설치하는 효과를 낳았다. 그러나 현대적인 의
미에서의 다문화주의(multiculturalism)는 그와 궤적을 같이하는 탈식민
주의(postcolonialism)와 문화연구(cultural studies)의 대두와 더불어,
1980년대와 1990년대에 첨예한 관심사로 부상해 현재 세계 문단과 학
계, 그리고 사회와 문화 모든 분야에 막강한 영향력을 행사하고 있다.

예컨대 탈식민주의는 제국의 지배문화가 아닌 식민지들의 피지배문
화를 부각시켰고, 문화연구는 엘리트 고급문화가 아닌 일반인들의 대중

문화를 새롭게 조명했다. 이러한 인식변화는 소수의 중앙 표준문화로부터 벗어나 다양한 주변부 문화들이 동등한 위치와 권리를 주장하는 다문화주의의 성장을 촉진하는 강력한 자극제가 되었다.[20]

다문화주의는 중앙집권적 단일 지배문화에 순응하던 시대의 종언과 다양한 주변부 문화들에 대한 새로운 공존과 인정을 주창하는 사조라고 할 수 있다. 미국의 경우, 그것은 종래 유럽 백인중심 지배문화에서 벗어나 주변부로 밀려나 소외되어 온 흑인, 원주민(인디언), 히스패닉, 또는 아시아계 등 소수인종 문화의 적극적인 포용을 의미한다. 또 종교분쟁국가인 북아일랜드의 경우 프로테스탄트문화와 카톨릭문화의 공존을 의미한다. 그와 동시에 다문화주의는 모든 나라의 가부장적 남성문화와 진취적 여성문화의 대화를 의미하기도 하며, 더 나아가 동서양의 동등한 공존으로 확대된다.

문화현상의 서술로서의 문화다원주의는 문화의 다원성을 주장하고, 실천규범으로서의 문화다원주의는 민주주의적 절차를 제안한다. 서술적 개념으로서의 문화다원주의는 인간집단의 총체적 삶의 양식으로서의 문화가 집단에 따라 서로 환원될 수 없는 다양성을 지닌다는 사실로 볼 수 있다.

문화는 크게 나누어 넓은 뜻으로서의 '자연'과 대립되는 '인위적 속성'을 뜻하기도 하고, '높은 수준의 문화'를 지칭하기도 하며, 좁은 뜻으로는 한 특정한 인간 공동체의 고유한 '인위적 속성'을 지칭한다. 세번째의 개념인 '인위적 속성'으로서의 문화는 수많은 서로 다른 집단들이 가지는 색다른 삶의 양식, 더 구체적으로는 언어사용, 기술사용, 신념체계, 도덕의식, 미학적 감수성, 건축, 의복, 인간관계, 행동규범 등의 측면에서 나타난 특수한 전통, 관습, 양식을 지칭한다.

이처럼 서로 다른 문화들 간에 서로 환원될 수 없는 이질성은 많은 경우에 충돌과 갈등의 가능성을 잠재적으로 담고 있다. 이러한 사실은 인류 역사가 크고 작은 집단들간의 갈등과 투쟁, 전쟁과 파괴의 이야기로 서술될 수 있다는 사실로도 알 수 있다. 그렇다면 과연 한 인간집단의 문화와 다른 인간집단의 문화는 모든 면에서 총체적으로 다른가가 문제가 된다.

그런데 문화의 이질성과 특수성을 단언적으로 규정하기는 어렵다. 모든 문화는 어떤 면에서는 다른 점이 있지만 다른 면에서는 동일하기 때문이다. 왜냐하면 문화는 인간이 고안한 삶의 장치이고 방식이며, 그러한 장치와 방식은 인간의 궁극적 목적인 행복을 추구하고 만족스러운 의식주의 보장을 위한 것이기 때문이다 이러한 요소들을 충족시키기 위한 속성들은 시공을 초월하여 동일하기 때문에, 모든 문화 간의 차이는 지리적·기후적·역사적·지적 수준의 차이에서 오는 피상적인 것일 수밖에 없고 따라서 근본적인 차원에서는 유사할 수밖에 없다.[21)

다원성을 정치적이거나 이론적 관점의 토대로 삼는 테일러의 문화다원주의는, 다양한 문화에 대한 사실적 인정과 더불어, 다양한 문화가 지닌 각각의 고유성에 대한 인정을 전제한다. 각 문화 사이에 존재하는 차이를 차이로 인정하고 보편적인 판단 기준을 거부하는 문화다원주의는, 모든 문화에 각각 고유한 가치가 있다는 사실은 인정한다. 그러나 모든 문화에 동일한 가치를 인정해야 한다는 규범적 문제로부터는 벗어남으로써, 탈근대론자들의 가치 상대주의적 관점과 구별된다.

즉 모든 문화에 내재해 있는 고유한 가치의 인정이 모든 문화에 동일한 가치를 부여하는 당위성과는 무관하다는 것이다. 문제가 되는 것은 각각의 문화가 지닌 고유성과 차이성에 대한 인정이지, 이러한 문화에 동일한 가치를 부여해야 한다는 규범적 요청이 아니다. 모든 개인과 민족은 누구나 동등하게 고유한 문화를 형성할 잠재적 능력을 갖추고 있으며, 그러는 한에서 이들의 문화는 존중되어야 한다는 것이다.

　이러한 문화다원주의는 무엇보다도 낯선 문화와의 관계에 있어서 개방성을 요구한다. '모든 문화는 동일한 가치를 지닌다'라는 주장은 누구나 받아들여야 하는 규범적 명제라기보다는 낯선 문화를 접하게 될 때 누구나 지녀야 하는 가정으로서 우리가 타자에 대한 연구를 시작할 때 받아들이는 태도이다.22) 테일러의 이러한 태도는 낯선 문화에 대한 개방성을 요구하는 다원주의적 '태도'에 근거해 있다고 할 수 있다.

　'태도'로서의 문화다원주의는 동일성의 원리에 근거한 인정이념을 함축하면서, 동시에 각각의 문화가 지닌 특수성을 그 특수성의 관점에서 포착하고자 한다. 테일러는 다원주의적 태도를 통해 한 사회에서 오랜 시간에 걸쳐 인간의 삶을 통해 형성된 문화는, 비록 거부하지 않으면 안 되는 많은 것이 있다고 할지라도, 그 사회에 살고 있는 개인들과 민족을 위해 무엇인가 중요한 것을 지니고 있다는 사실을 인식시키고자 한다. 특수성에 대한 인정의 거부는 그러한 문화를 담지하고 있는 개인들과 민족의 정체성에 훼손을 가져오며, 이러한 정체성의 훼손은 무엇보다도 치명적인 도덕적 손상을 야기하기 때문이다.23) 문화상대주의의 장점은 역사적 가치에 있다. 민족중심주의와 인종차별주의를 반격하며 해당 맥락 속에서의 복잡한 의미가 서로 다른 인식능력을 가짐을 주장하는 것이다. 즉 인식차별주의와 인식무정부주의에서의 인간인식과 상호주관주의를 연구하는 것이다.

　한편 이에 대한 반격으로는 알프레드 크뢰버(Alfred Kroeber)의 반대가 있다. 그는 상대주의를 반대했을 뿐 아니라 사회가 단순한 상태에서 점점 더 복잡한 상태로 '진보'함에 따라 사회가 갈수록 '인간적'으로 되어 간다고 단정적으로 말했다. 또한 랠프 린턴(Ralph Linton)은 보편적인 윤리의 표준이 가능하다는 의견을 밝혔으며, 1953년에는 민속과 도시 문화의 비교로 유명한 로버트 레드필드가 원시사회가 '진보된 문명'보다 더 '품위'있거나 '인간적'이지 않다고 주장함으로써 크뢰버의 의

견에 동의했다.[24)]

　그렇다면 원시사회의 부적응성의 원인은 무엇인가? 그것은 환경의 변화와 합리성과 비합리성, 그리고 최소한도의 위험(minimal risk)과 최소노력(least effort)의 법칙이다. 특히 최소한도의 위험과 최소노력의 법칙은 인간이 웬만하면 자신이 처한 환경에 그럭저럭 적응해 버린다는 점에 착안해 있다. 이는 인간 열성의 다면성과 비완벽성을 보여주는데, 인간은 최상, 최적이 아니더라도 적당한 상태에서 적당한 정도로 그 상황에 적응해 버린다는 점에 주목한 것이다.

　한편 문화적 발전주의(Cultural developmentalism)들에게 있어 "문화가 중요하다"라는 주장은 '어떤 문화들은 빈곤해지거나 후퇴하는 반면 다른 문화들은 풍부해지거나 진보한다'라고 말하는 식이다. 그것은 곧 모든 인류가 생활에서 좋은 것들—예컨대 건강, 가정의 안정, 정의, 물질적 풍요, 쾌락주의적 자극, 핵가족 등—을 원하고 가져야 함에도 불구하고, 그들의 문화가 그런 것들을 가로막고 있음을 뜻한다. 만일 우리가 문화적 발전주의자라면, 우리의 생각에 진(眞), 선(善), 미(美) 또는 실용성이 부족하다고 여겨지는 다양한 고풍스런 생활 방식과 미신적인 믿음 체계들이 여전히 유효하고 대중성을 지니고 있다는 데 상당한 혼란을 느낄 지도 모른다.

　오늘날에는 문화의 개념을 인정하고 싶어 하지 않는 많은 인류학자들(후기 문화주의자들: post culturalists)이 존재한다. 그들은 '문화'라는 단어가 권위주의 사회 체제를 방어하고 독재자들로 하여금 아무 탈 없이 살인을 저지를 수 있도록 해 주는 잘못된 믿음으로 악용되고 있다고 생각한다. 19세기 후반 '백인의 짐(white man's burden)', 즉 유색인의 미개발국을 지도해야 할 백인의 의무를 다시금 떠올리는 지적인 입장인 문화발전주의가 다시 돌아온 셈이다.[25)] 따라서 우리는 이제 문화에 관한 진보와 다원주의의 공존의 문제에 직면해 있는 셈이다.

Ⅲ. 성별 갈등과 문화적 문제

1. 여성억압과 페미니즘의 쟁점

끊임없이 변화하는 역사적 흐름 속에서 여성들은 그들이 경험하는 성적 불평등과 그에 따르는 억압에 대하여 다양한 형태로 저항하여 왔다. 서구 역사 속에서 여성의 저항은 두 가지 형태로 나타났는데, 하나는 실제적이고 행동주의적인 여성운동으로, 다른 하나는 근본적이고 사상적 토대가 되어 줄 수 있는 페미니즘 이론의 발전으로 나타났다.

18세기 이후 근대시민사회가 생성되면서 자유주의 이념의 홍기와 더불어 여성의 권리문제가 부각되기 시작하였고 이때부터 페미니즘 논의는 시작되었다. 여성억압의 원인과 결과를 설명하고 여성해방을 위한 전략을 모색하는데 있어서, 여성도 남성과 평등한 경제적·사회적 지위를 가져야하고 책임 있는 시민으로서 정치에 참여할 권리를 주장하는 데서 시작되었다. 서양사회에 있어 중심자는 남성이었고 여성은 변두리로 밀려나 '제2의 성'으로 존재해 왔던 것이 사실이다. 이처럼 페미니즘은 여성들이 인간으로서의 자신을 자각하고 인간으로서의 권리를 찾고자하는 몸부림으로부터 시작되었다.

여성운동은 18세기와 19세기 서구에서 근대 시민사회가 형성되면서 태동한 이후 세계 곳곳에서 다양한 모습으로 전개되어 왔다. 이 모든 여성운동들은 여성에 대한 차별과 억압에 저항하고 여성의 권리와 평등을 쟁취한다는 공통의 목적을 가진다. 여성 차별을 극복하려는 싸움에서 우선 중요한 것은 도대체 무엇 때문에 여성이 차별 당하는가 하는 원인규명 작업인데, 바로 여기서부터 시각의 편차와 대립이 나타난다. 일반적으로 페미니즘 논의는 여성 억압의 성격과 근본요인, 방안과 대안 등의 관점에 따라 자유주의, 마르크스주의, 급진주의, 사회주의의 네 가지로 나눈다.

서구 여성운동의 태동에서부터 19세기 중엽에 이르기까지 이론적 기반을 마련해 준 것은 자유주의였다. 봉건제에서 자본제 사회로 이행하는 과정에서 새로이 부상하는 시민계급의 이념으로 형성된 자유주의 사상은 만인의 자유와 평등을 제창하였다. 여성들은 여기에 힘입어 그 동안 남성들이 누려온 권위와 특권에 반발하기 시작하였다.

고전적인 문제제기는 1792년 울스턴크래프트(Wollstonecraft)의 「여성권리의 옹호(A Vindication of the Right of Women)」에서 시작되어 19세기에는 밀(J. S. Mill)의 「여성의 예속(The Subjection of Women)」, 테일러(Harriot Taylor)의 저술로 이어졌다. 자유주의는 인간의 본성을 이성에서 찾으며 만인은 이성적 존재로서 동등하다고 본다. 그러나 이때 '인간'이란 대체로 남성을 가리키는 것으로 여성은 사실상 고려의 대상이 되지 못했다. 예를 들어 로크나 룻소 같은 사상가들조차 일반적인 통념은 여성은 이성적이기보다는 감성적인 존재이며 따라서 이성적으로 더 우월한 남성의 통제를 받아야 한다는 것이다.

자유주의 페미니즘은 바로 이 같은 뿌리 깊은 관념론에 반발하여 자유주의의 원칙을 여성에게도 철저히 적용하고자 한다. 자유주의 페미니즘은 여성이 성별 때문에 부당하게 고통 받는다고 가정하며 평등과 재분배, 즉 동등한 임금, 동등한 시민권, 교육, 건강과 복지에 대한 동등한 기회, 민주주의 정치과정에 대한 동등한 접근 등을 위해 운동한다.[26]

자유주의 페미니즘의 공적은 무엇보다도 여권문제를 처음으로 이론화하고 운동으로 표출시켰다는 것이다. 자유주의 페미니즘은 자본주의 시대에 들어서면서 수많은 여성들의 의식과 삶에 일어난 변화에 부응하고 이 같은 변화를 가속화하는 일을 해왔다. 그러나 여성 억압의 기초나 기원에 대한 해명, 총체적이고 사회구조적인 분석에서 별다른 성과를 내지 못했다는 약점을 지닌다.[27]

19세기 이후 노동계급 여성들이 사회운동에 진출하기 시작하면서 이들의 입장을 대변하는 여성문제 인식도 점차 정비되기 시작하였다. 중간층 이상 여성들의 경우와는 달리 노동 계급 여성들의 경우에는 경제적 억압이 무엇보다도 절박한 사안이었다. 따라서 이들은 자연히 여성문제와 경제적 억압구조를 연결해 파악하려는 경향을 띠게 되었다. 마르크스주의 여성해방론은 계급 모순의 선차성을 인정하면서 여성 억압을 낳는 궁극적인 요인을 사적 소유제, 혹은 그 현대적 형태인 자본주의 체제로 보는 관점이다.[28] 마르크스주의 페미니즘에서 중추가 되는 것은 여성억압의 기원과 역사에 관한 탐구와 자본주의 체제에서의 억압구조에 대한 분석이다.

고전적인 논의는 엥겔스에서 시작되는데 그는 출산에서의 역할 차이 등 남녀의 생물학적 차원에서 비롯된 성별분업이 인간사회의 최초의 분업이라고 보았다. 이런 분업이 좀 더 강화되면서 집안일과 바깥일을 남녀가 나누게 되고, 사회적인 변화로 바깥일이 점차 중요성이 높아지면서 남성이 지배권을 가지게 되었는데, 이것이 여성억압의 근원이라는 것이다. 즉 성별 분업 자체보다는 그것을 차별적이고 억압적인 관계로 바꾸어놓은 생산·소유의 관계에 문제의 근원이 있다는 것이다.

마르크스주의 페미니즘은 여성문제를 사회구조적이고 역사적인 관점에서 분석하였으며 사회 전체를 통일적인 하나의 시각으로 바라보아 여성억압을 설명해 내는 틀을 만들어냈다는 업적을 지닌다. 그러나 반면 원론의 반복과 도식화로 인한 한계가 드러나기도 한다.

1960년대 후반 서구에서 여성운동이 거세게 일어나면서 여성억압을 바라보는 관점에서도 여러 가지 다양한 시도가 생겨난다. 이 가운데 대표적이고 근본적인 흐름이 바로 급진적 페미니즘(radical feminism)이다. 급진주의에서는 여러 억압들 가운데서 역사상 최초로 나타났고 가장 만연하여 있으며 가장 뿌리가 깊은 것은 바로 여성억압이라는 점에 주목한다. 또한 여성종족을 지배하며 여성들로부터 주로 이익을 누리는 것은 자본이나 사회구조가 아니라 바로 남성 집단이라고 간파한다. '가부장제'야 말로 바로 남성의 여성지배체제인 것이다.

급진주의 페미니즘의 주요이론은 파이어스톤(Firestone)의 『성의 변증법(The Dialectic of Sex)』과 밀레트(Millet)의 『성의 정치학(Sexual Politics)』이다. 특히 파이어스톤의 논의는 여성 억압의 토대는 바로 여성에게 주어진 생물학적 특성 자체라고 본 것이다. 즉 여성의 임신과 출산은 남성에게 의존할 수밖에 없는 억압의 구조가 되므로, 여성이 해방되려면 생물학적 가족이 철폐되어야 하며 출산과 성을 여성 스스로 통제하여야 한다는 것이다.

따라서 급진적 페미니즘의 명제들 속에는 다음과 같은 의견들이 포함되어 있다. 사적인 것은 정치적인 것이다 ; 부권제, 또는 남성지배 - 자본주의가 아니고 - 가 여성억압의 뿌리이다 ; 여성은 정복당한 계급으로서의 자신들의 아이덴터티를 인식하고 압제자인 남성과 싸우기 위해 그들의 근본적인 에네르기를 다른 여성들과 함께하는 운동 속에 쏟아야만 한다 ; 남성과 여성은 근본적으로 다르며 다른 스타일과 문화를 소유한다. 여성의 양식이 모든 미래사회의 토대가 되어야 한다.[29]

이 같은 파이어스톤의 논의가 보여주는 바와 같이 여성의 성이 여성 자신에게 되돌려지지 않고서는 남성과 동격에 설 수 없으므로, 급진주의 페미니즘은 이성애를 평등한 관계로 변화시키는 것에서부터 이성애 자체의 거부에 이르기까지 다양한 방안을 제시하고 있으며, 자매애(sisterhood)내지는 레즈비어니즘까지 연결되는 논의로 이어진다. 이러한 급진주의 페미니즘의 논의는 성애 · 출산 · 육아 등 다양한 사적인 문제들을 학문적이고 사회적인 영역에 본격적으로 끌어들여 여성 대중의 광범한 의식화를 이루어낸 공헌이 있다는 것이다. 반면 남성지배체제라든가 가부장제라는 한 가지 틀 이상의 것을 제시하지 못하여 지나친 문제의 단순화나 결정론에 빠지는 오류를 범하기 쉽다.

모성(motherhood) 및 어머니 노릇에 관한 규정들에 대해 최초로 문제가 제기된 것은 1960년대 말에서 1970년대 초반이다. 주로 서구의 페미니스트들에 의해 여성운동의 초창기에 모성이 여성의 피할 수 없는 운명이라는 신화에 도전하는 데 강조점을 두고, 모성은 억압적인 요소와 성취적인 요소를 동시에 가지고 있으므로 자유롭게 선택되어야 하며 사회적으로 변형되어야 한다고 주장되었다.

모성에 관한 급진적 페미니스트들의 입장은 생물학적 모성을 억압의 원인으로 보고 반대하는 입장과 반대로, 모성을 여성해방의 원천으로 간주하고 이를 옹호하는 입장으로 나누어진다. 전자에 속하는 대표적인 논자로는 파이어스톤(S. Firestone)과 오클리(A. Oakley)로서, 생식을 여성억압의 원인으로 보면서 생물학적 모성에 대해 반대한다. 반면 후자의 입장에 속하는 오브라이언(O'Brien)은 생식을 여성해방의 원천으로 보면서 생물학적 모성을 옹호하는 주장을 편다.

1980년대를 거치면서 모성논쟁도 변화를 겪게 되는데, 즉 여성이 어머니가 되지 않을 권리뿐 아니라 어머니가 되는 경험에도 중점을 두자는 주장이 일어나기 시작한 것이다. 따라서 모성에 대한 인식을 둘러싼 페미니즘 내의 긴장과 양면성이 표출되기 시작했다.[30] 급진적 페미니스트들은 후기에 억압에 대한 반발로 어머니 되기를 반대하는 것은 간편한 방법이기는 하지만 자기부정적인 행위일 수 있다는 점과, 이러한 영역들에 내포된 억압성은 그 자체의 성질이라기보다는 가부장적 사회화에 의해 왜곡된 것일 수도 있다는 지적 자신의 관점에 입각해서 재생산과 모성을 새롭게 규정하고자 한다.

오늘날 모성을 둘러싼 논쟁은 모성을 찬양할 것인가 혹은 거부할 것인가 하는 추상적인 수준에서 한 단계 더 나아가 현실적으로 자녀양육의 문제를 어떻게 해결할 것인가, 국가의 정책적 지원은 어떤 방식을 통해 이루어져야 하는가 등의 쟁점을 중심으로 진행되고 있다.[31] 즉 모성에 대한 여성의 관점을 주창하면서 페미니스트들이 해결해야 할 문제는, 우선 모성에 관한 현존하는 상징적 의미들이 고정적이고 변화 불가능한 구조이냐 아니면 변화시킬 수 있는 것이냐, 그리고 만약 변할 수 있는 것이라면 노력을 어디에 집중시켜야 할 것인가의 문제에 집중된다고 하겠다.

따라서 서구에서는 이러한 모성에 대하여 여성억압의 중심적 원인으로 보는 시각이 있다. 모성으로 환원된 여성의 정체성에 대한 직접적인 도전은 여성노동에 대한 사회적 수요가 증가하게 되는 경제구조의 변화와 맞물려 나타난다. 여성을 모성으로 규정했던 사회가 이제는 여성은 사회적 일꾼으로 규정하게 되자 이 과정에서 여성들의 새로운 갈등이 시작되었다. 이러한 상황은 모성으로 인한 부담의 면제보다는 오히려 새로운 부담의 가중이라는 현실로 나타났다.

모성과 충돌을 일으키는 또 다른 축은 여성의 성적 욕망이다. 최근 여성의 성적 욕망에 대해 적극적으로 말하기 시작하면서 모성과의 대립과 갈등이 표출되었다. 여성의 성적 욕망과 모성사이에서 나타난 현실적 타협안은 미시족 또는 매력 있는 슈퍼우먼으로 귀결된다. 매력도 있고 도덕적으로 훌륭한 어머니이면서 일도 유능하게 잘하는 여성상이라는 새로운 문화적 모델이 바로 슈퍼우먼이다.

오늘날 모성담론의 지배적인 축을 이루고 있는 것은 빅토리아조 이후 백인 중산층 가정을 모델로 한 모성담론이다. 빅토리아시기는 가정중심성(domesticity)이 탄생한 시기였다. 당시의 많은 작가들은 여성의 기본임무는 남편과 자녀들에게 평화·아름다움·정서적 안정이 있는

천국을 만들어주는 가정적 의무라는 점을 강조하였다. 빅토리아 시대 여성에게 있어 삶의 중심을 이룬 것은 성이 아니라 모성애였다. 19세기 말에 오면 모성은 더욱 강조되었다. 이 시대 여성들의 삶은 아이를 낳고 키우는 것에 의해 지배되고 있었고 어머니로서의 경험은 그들에게 최고의 기쁨이나 절망의 원천이었다.[32]

　19세기 말과 20세기 초는 페미니스트 운동의 황금기로 이 시기에 페미니즘이 대두된 배경은 모성찬양과 가정성의 창조라는 문화적 규범의 확립에 대한 반응이었다. 왜냐하면 새로운 문화적 규범으로서의 모성성과 가정중심성은 중산층 여성에서나 노동자계급 여성에서나 다 같이 질곡이 되었기 때문이다. 페미니즘에서 모성에 대한 접근은 여성이 사회문화적으로 만들어지듯이 모성 또한 사회역사적으로 구성된다는 사실을 입증하려는 연구로 모아지고 있다. 이들은 사회마다 시대에 따라 어머니의 역할과 지위에 대한 정의는 다르며 다양하다는 점에 주목한다.

　모성에 대한 연구는 1970년대 페미니스트 연구의 중요한 성과로 꼽을 수 있다. 1980년대에 들어와 사회적으로 모든 계층의 여성, 특히 아이를 둔 여성이 일하기 시작하면서 어머니로서의 여성의 정체성이 여전히 중요하지만 유일한 정체성은 아니라는 점이 담론화 되기 시작하였다. 그리고 여성들이 그들의 정체성을 집이나 모성의 경계 밖에서 구축해가면서 모성이데올로기는 새로운 왜곡과 전환을 보게 되었다.

　페미니스트 학자들내에서도 모성에 대한 관심에 따라 정의를 다르게 부과한다. 여권주의 입장에서는 여성의 모성환원론에 대한 대항담론의 형성으로서 출산·양육의 분리, 모성의 사회적 구성과 그 구성과정에서의 권력적 이해의 문제를 드러내는데 초점을 두게 된다. 즉 모성 이전에 개별인격으로서의 여성의 정치권·경제권의 문제가 우선적으로 제기된다. 여권론적 페미니즘의 주장은 여성인력에 대한 사회적 필요라는 현실과 맞아 떨어져 사회적 양육론을 정책적으로 채택하기에 이른다. 여권론이 모성에 대하여 부정적인 반면, 여성주의의 입장에서는 보살핌·양육 등으로 상징되는 여성의 전통적 모성성이 바로 여성의 근거, 더 나아가 도덕적 우월의 근거가 된다는 점을 강조하고 있다.

1970년대 중반부터 페미니즘은 여권주의를 넘어선 여성주의를 표방하고 있다. 100년간의 여성사에서 중요한 축은 양성간의 차이에 대한 입장의 변화이다. 양성의 차이를 무화시키려는 입장에서 양성간의 차이를 적극 부각시키는 입장의 선회가 두드러진다. 특히 양성 차이의 근거는 여성의 모성상과 결부되어 있기 때문에 차이에 대한 부정은 곧 모성정체성에 대한 부정을, 차이에 대한 인정은 모성정체성을 인정하는 것으로 귀결된다는 점이 주목된다. 차이론을 펴면서 여성우월론을 펴는 여성주의 입장은 평화주의 여성론과 생태주의 여성론과 접맥되어 있다.

평화주의 여성론의 입장에서는 이 폭력적인 사회에서 보살핌의 윤리는 아무리 강조해도 지나침이 없다는 것, 그리고 보살핌의 화신이라는 여성정체성을 강조하게 되면 여성들의 실제 경험에 자신감을 불어넣어 줄 수 잇다는 점을 강조한다. 생태주의 여성론 역시 여성의 모성성을 윤리적 우월성의 근거로 본다.[33]

2. 여성운동과 문화적 다양성

세계화와 정보화 시대는 인간의 의식도 다양한 가치를 받아들이는 열린사회가 되었고, 물리적 힘보다는 섬세함과 뛰어난 두뇌를 필요로 하는 사회가 되어 남녀를 구분하는 것이 무의미해지는 사회가 되었다. 감성과 지력이 더욱 요구되는 정보화 사회에서는 오히려 여성의 능력과 역할이 더욱 중요시될 것이며, 따라서 남녀의 경제적 대가나 권위 등도 대등해지는 통합사회가 될 것이다.

21세기 사회는 남녀평등문화가 본격화되는 조짐을 보이고 있다. 전 세계적으로 여성지도자의 출현을 볼 수 있고 한국에서도 호주제논의, 각계각층의 여성할당제 문제, 여성기업인들의 증가, 최초의 여성장군의 등장, 여성경찰의 활약 등 여성들의 사회진출에 따른 요구들이 거세어 지고 있다. 이러한 세계적인 사회현상과 인식의 변화들은 유사 이래 지 속되어 온 성별 갈등의 문제에 관심을 돌리게 한다. 그렇다면 여성해방 운동의 문화적 다양성의 문제와 한국에서 여성운동의 쟁점은 무엇인지 알아본다.

사회변화에 따른 여성학의 추세는 각 학문분야에서 여성학적 연구와 지식 축적이라는 시도와 독자적 통합 사회과학으로서 여성학을 부상시 키는 것과를 상호보완적으로 병행하는 것이다. 최근 여성학의 논란점은 여성학의 정치적 요소와 사회과학적 객관성과의 접목이며, 여성주의 사 회과학을 기존 사회과학과 구분되는 독자적 학문분야로 세우는 문제와, 여성주의 포스트모더니즘으로서 이는 보편적인 여성주의 이론을 거부 하는 흐름이다.

여성 해방론의 흐름을 보면, 밀(J. S Mill)은 이미 1867년에 <여성참 정권협회 전국연맹>을 결성한 바 있으며, 1963년 프리단(Betty Friedan) 의『여성의 신비(The Feminine Mystique)』가 1960년대 이후 새로운 여 성 해방운동의 기폭제가 되었다. 주부소외의 경험을 담은 이 책의 반향 으로 대학의 성인교육 프로그램에 여성에 초점을 맞춘 강좌가 개설되 었다. 1966년에는 전국여성기구(NOW, National Organization for Women)의 공동창립이 있었고, 1973년에는 최초의 여성은행이 설립되 었다.

서구 여성학자들의 일 중 많은 부분은 사회에서 여성의 종속적 지위 에 관한 일반적인 설명을 하고자 하는 것이었다. 또한 그들은 여성들 간에서도 서구에서의 흑인여성이나 비서구권 여성들의 문제들이 어떤 차이가 있는지를 연구해 왔다.

1970년대의 멕시코 페미니즘은 중산층이 주도했고 서구 여성학의 요구에 많은 영향을 받았다. 멕시코의 상황은 각기 다른 지역의 여성들의 문제가 지역적 세계적 여성의 문제들과 얽혀져 있었다. 헝가리에서는 여성문제가 공산주의 이념과 함께 진행되었는데 전환기에 여성문제는 다시 대두되었다. 특히 유산, 위자료, 매춘 등의 특수한 문제들과 관련되었다. 하지만 서구 여성학은 헝가리에서는 그다지 인기를 끌지 못했다.

말레이시아에서는 여성학이 서구의 이데올로기와 동일시되었고 지역 상황과는 맞지 않는 것으로 인식되었다. 말레이시아 여성들은 자신만의 활동사를 지니고 있었는데, 어떤 여성운동가들은 말레이시아 여성들에게만 특별히 적용될 이론들을 정립하고자 했다. 그러나 그 문제들은 복잡했다. 인도네시아 여성학자들은 서구 페미니즘의 영향을 받았는데, 말레이시아 여성운동 상황과 비슷하다. 여성운동은 국가의 독립운동과 병행되었다. 일본에서는 고용평등법 같은 법 제정과 병행하여 여성운동이 이루어졌다. 그러나 고용평등이 여성의 권리까지 보장해 주지는 않았다.

무엇보다도 모든 지역에서 일어나는 여성운동의 효용성은 그들이 페미니스트인가 아닌가의 여부에 달려 있지는 않다. 그러므로 전 세계에 걸쳐 페미니즘의 의미와 연관성은 실험되고 있는 중이다. 페미니즘은 갑자기 대두될 수도 있고 천천히 발전될 수도 있다. 또 다양한 페미니즘의 영향을 받을 수도 있고 독립적으로 진행될 수도 있다.

이처럼 페미니즘 이론은 성불평등의 근본적인 원인이 무엇이며 가부장제를 진단하고 대항하기 위하여 무엇이 필요하고, 우선되어야 하는 것이 무엇인지에 대한 세부적인 문제에 있어서는 다양한 의견들을 제시한다. 따라서 페미니즘 이론과 여성운동은 결코 일관되고 단일한 것이 아니며, 구체적인 역사·정치·사회·경제·문화적 맥락 속에서 다양하게 생성되고 변화해 왔다는 것을 인식해야 한다. 이제 단일 문화적 페미니즘은 인류학에서의 모든 용이한 상대주의에 종지부를 찍었으며, '정치적 균형(political correctness)'의 개념에 새로운 의미를 부여했다. 그리하여 서구 스타일의 세계화를 촉진하는 국제 인권 운동 및 다양한 기구들(UNICEF, WHO, NATO) 등과 함께, 오늘날 주로 경멸의 대상으로 다른 문화에 관심을 갖는 숱한 인류학자들이 등장하고 있는 것이다.

그렇다면 한국사회에서 여성해방론이 갖는 문화적 특수성은 무엇인지 살펴보자. 우선 조선 사회에서 가족은 통치의 기본 단위였으며, 가족의 기본 기능은 남녀 결합에 의한 세대 재생산을 통해 우주의 재생산을 꾀하는 것이었다. 따라서 가족 관계의 중심축은 부자 관계였고 여성은 그 관계를 이어주는 존재의 역할만 수행해왔다.

또한 조선의 일부일처제는 남성 중심적인 것이어서 남성에게는 첩실을 둘 수 있게 하여 성적인 자유를 허용한 반면, 여성에게는 재가 금지를 통하여 성적 통제를 강력하게 실시했다. 따라서 이 일부일처제는 사실상의 부계 강화를 위한 여성의 성에 대한 통제의 수단으로서, 조선은 이 강력한 부계질서를 기반으로 하여 가족을 재구성함으로써 가부장제를 정착시켜왔다.

일제 침략기를 거치면서 한국의 가족은 식민지적 생활 파탄, 전쟁으로 인한 가족 해체 등을 통하여 아버지 부재 현상을 낳았다. 이러한 상황에서 어머니들이 실제적인 가장의 역할을 해 왔지만 오히려 상징적인 가부장권은 더 강력하게 유지된 것을 볼 수 있다. 근대 이후 한국가족은 친족 관계가 약화되었고, 규모 면에서는 소가족화 되었다. 일터와 가정에 관한 분리 관념과 더불어 전업 주부에 관한 관념이 등장하였고 낭만적 사랑에 의한 두 남녀의 결합이라는 스위트 홈의 이미지가 각인되었다.

1960년대 이후 한국의 사회경제구조는 농업사회에서 공업사회로 전환되었다. 지역적, 사회적 가변성은 지역적 대인관계를 기초로 했던 농촌 사회의 옛 의식구조를 현격하게 변화시켰으며 이웃과 친밀했던 공동 집단의식은 비례적으로 소멸될 수밖에 없었다. 이에 따라 전통사회와 비교하여 결혼의 횟수(재혼의 일반화)가 늘어가는 수준인데도 산아는 줄어가고 있다. 전통사회의 대부분을 점유하던 농촌가족은 공동의 노동집단의 성격을 띠었으나 현대 산업 사회에서는 직업 선택의 구조가 크게 변하여 도시적 가족 형태에 속하게 되었다.

그러므로 현대 여성의 문제를 옛날 농촌에서 공동으로 일하며 생각하던 전통적 가치관에 적용할 수는 없다. 때문에 전통적 가족구조에서 형성된 윤리(가치)가 현대의 핵가족에 그대로 대입될 수 없음은 자명하다. 다시 말해서 오늘의 가정과 사회에 있어서 남녀의 위치는 그들이 활동하는 직업과 가정 관계에서 볼 때 크게 변했으며, 이러한 변화된 상황에서 현대 가족과 사회에서 여성의 문제는 수직적 상하차등의 전통적 가족 윤리관과는 전연 연관될 수 없음을 알 수 있다.

그러나 한국의 가족은 부부중심성이 강화되었다고 하더라도 여전히 부계 친족과의 결속력이 강하여 이로 인해 부부 관계가 파탄에 이르는 경우가 많다. 또한 결혼을 집안간의 결합으로 인식하는 문화적 통념이 여전히 존재하고 있다.

최근 한국 가족의 변화에서 주목할 만한 것은 1인 가구의 증가인데 특히 농촌에서 노인 여성 가구가 증대하고 있다. 또한 여성이 분가하여 독립 가구를 구성하는 경우가 많고 이혼이나 사별로 인한 편모 가구의 증가도 주목할 만하다. 이혼 또한 그 절대수가 증가하고 있을 뿐 아니라 결혼에 대한 이혼의 비율이 매우 큰 폭으로 증가하는 추세이다.

이처럼 여성 가구주 가구가 증가하는 현실에서 남성 생계 부양자 가족 모델로는 다수의 여성의 삶을 설명하기 힘들게 된다. 모든 여성의 배후에는 '벌어 먹이는' 남성이 존재한다는 이 남성 부양자 논리에 의해 여성 가구주들은 노동 시장에서 예비군으로 밀려나고 이러한 노동 시장에서의 여성의 주변적인 위치로 인해 여성의 빈곤화가 가속되고 있다. 또한 이러한 현실은 우리 사회에서 가속화되는 가부장제의 약화와 연결된다.

한편으로 한국여성과 한국가족은 서구로부터 밀물처럼 유입되는 성개방 풍조와 동성애담론으로 많은 혼란을 겪고 있는 것이 사실이다. 우리가 이제까지 이해해 온 것처럼 가족을 남성 가장 중심적이고, 이성애 중심적이고, 부계 혈연주의에 기반을 둔 사적(私的) 복지 제도로 이해한다면, 가족의 위기를 부인하기 힘들 것이다.

그러나 이러한 변화들을 비정상적인 것으로 매도하지 않고 가족의 다양성을 인정하면서 가족의 개념을 확장시킨다면 '가족의 위기'라는 것이 그렇게 큰 문제가 되지 않을 것으로 보인다. 가족의 정의를 새롭게 내린다면 오히려 이러한 가족의 변화에서 긍정적인 징후를 읽을 수도 있다. 그 긍정적인 징후들은 성별, 연령별 위계 관계의 약화와 다양성의 존중을 가족 변화의 방향으로 보여줄 것이다.

한편 조선 500년간 모성을 신분제적 질서유지의 중요한 축으로 묶어 제도화했던 역사가 있기에 한국에서 모성환원론의 뿌리는 깊다. 여성 노동력에 대한 사회적 수요가 늘고 페미니즘의 영향으로 여성의 정치·경제·사회적 권리가 강조되면서 모성에 대한 문제가 제기되었다. 모성의 사회화라는 차원에서 모성이 페미니즘의 쟁점이 된 것은 1990년대부터 가능하게 되었다. 1990년대 초반까지 한국 페미니즘의 중심 과제는 모성의 사회화였다. 1980년대에 들어서면서 여성의 경제활동 참여논의가 활성화되고 1990년대에는 자녀양육의 사회화에 대한 문제가 중심과제로 떠오르게 되었다.

한국의 전통적 여성상은 어머니상이었다. 그러므로 한국의 여성들이 자녀에 집착하는 것은 일면 자연스러운 것이다. 그 원인을 생각해 본다면 첫째, 자손을 통하여 영혼 불사를 생각하는 유교 문화의 영향이고 둘째는 남성의 파트너적 관계에서 원천적으로 소외된 여성의 보상심리라고 하겠다. 첫째의 범주 안에서 여성들은 가문과 어머니라는 이름아래 속박과 동시에 보호받았다. 가문과 내외분별의 유교 문화는 여성을 예속시키기도 하였지만 그 예속하에서는 보호하기도 하였다. '좋은 밭'으로서의 여성의 가치가 부여되었으며 다음세대의 자기 자신인 좋은 자녀의 출산을 위하여 이 밭은 보호될 필요가 있었다.[34]

하지만 여성의 모성환원이 뿌리 깊은 전통을 지니고 있는 한국사회에서 페미니즘은 모성에 대한 거부가 당면한 쟁점이었다. 사회육아의 정당성을 강조하면서 영유아보육법을 제정하기 위해서는 모성보호주장에 의존해야 했다. 그렇다고 그러한 논의가 서구의 여성주의 논리와 결합되어 적극적인 모성보호를 사회화한 상태도 아니었다. 모성 중심의 사회적 전통이 강한 상태이지만 페미니즘에서는 아직 차이론을 적극 수용한 상태는 아니다. 차이론을 강조하는 생태주의 페미니즘과 평화주의 페미니즘이 부분적으로 소개된 것은 사실이지만 이들이 여권주의적 페미니즘에 도전하거나 대립하여 조화하는 관계로까지는 전개되지 않은 상태였다.[35]

모성으로 환원된 여성의 정체성에 대한 직접적인 도전은 여성노동에 대한 사회적 수요가 증가하게 되는 경제구조의 변화와 맞물려 나타난다. 여성을 모성으로 규정했던 사회가 이제는 여성을 사회적 일꾼으로 규정하게 되자 이 과정에서 여성들의 새로운 갈등이 시작되었다. 이 갈등은 페미니즘 내에서 조차 첨예한 모성논쟁으로 이어지게 되었다.

따라서 모성에 대한 거부와 찬양의 양면을 지니고 있는 서구 페미니즘이 한국에 수용될 때 발생할 수 있는 문제들은 다음과 같다.[36] 먼저 여성이 어머니로서 표상되는 한국사회에서 모성거부의 이론은 일반 여성들의 삶과 페미니스트들 간의 괴리감을 줄 가능성이 있다. 다른 한편, 모성에 의해 제도적으로 억압당해 온 역사를 지닌 한국사회에서 차이론에 입각한 모성예찬의 수용도 여성억압의 기제를 비판적으로 극복할 수 없게 만들 수 있는 위험이 있다. 따라서 다양한 페미니즘의 공존 속에서 한국적 전통의 탐색이 필요하게 될 것이다.

Ⅳ. 동양과 서양, 갈등과 공존

1. 오리엔탈리즘을 넘어서

어원상으로 볼 때 '오리엔탈리즘(Orientalism)'은 '오리엔트(Orient)'에서 기원된 말이다. 오리엔트란 라틴어의 '오리엔스(oriens)'에 해당되는 말로서 '해돋이', '해가 뜨는 방향'이란 뜻에서 발전하여 '동방' 또는 '동양'을 의미하게 되었다. 이에 비해 해가 지는 서방은 '옥시덴스(occidens)'로서 이에서 나온 '옥시덴트(Occident)'는 '서방' 또는 '서양'을 의미한다.

오리엔탈리즘은 근대 서양의 제국주의적 충격에 의하여 전 세계에 확산되었다. 오리엔탈리즘이란 에드워드 사이드(Edward Said)가 지적하였듯이 '동양을 지배하고 재구성하며 권위를 갖기 위한 서양의 사고방식'이며, 객체인 동양이 주체인 서양에 의해 타자로서 관찰되고 탐구되고 정의 내려지는 것을 말한다.

오리엔탈리즘은 서구의 식민주의, 인종차별주의, 자민족 중심주의 등과 결부된 동양에 대한 지배양식으로 대두되어, 비서구를 서구라는

모범을 결여하거나 일탈한 문명부재의 지역으로 규정하는 논리로 작동
해 왔다. 이리하여 서양/오리엔트, 문명/야만, 근대/전통, 합리/불합리,
선진/후진이라는 이항대립의 오리엔탈리즘 담론은 스스로 자신을 대변
할 수 없는 동양을 대신하여 서양에 의해 학문적으로 규율과 훈련이 체
계적으로 이루어지면서 권위를 가지고 생식되어 왔다.[37]

　로마 시대에는 오리엔트가 제국 내의 동부지방은 물론 제국 외부의
동쪽에 있는 다른 나라들을 광범위하게 지칭하는 용어로 사용되었다.
그 후 로마 제국이 동서로 분열되고 서유럽이 그들 중심의 세계를 형성
해가는 과정에서 자신들을 옥시덴트, 즉 '서방'이라고 부르게 되었고,
오리엔트는 이와 대조되는 이질적인 문화를 가진 동방세계라는 뜻이
부가되어, 비잔틴제국과 이슬람 세계로까지 그 범위가 확대되었다. 근
대에 들어 유럽인의 지리적 지식이 점차 확대되면서 그 적용범위가 더
욱 넓어져 근동, 중동, 극동 아시아 지역을 총칭하는 용어로 사용되기도
한다.

　에드워드 사이드는 서구(유럽)적 근대의 출현 이후 기술문명의 우위
를 이룬 서구, 즉 '세계'가 비서구의 나머지 지역을 제국주의 침탈의 대
상인 '타자'로 만들어버리고, 그 타자를 거울삼아 서구의 문화적 정체
성을 확립하려 했다는 견해를 제시하여 유럽중심주의에 도전하였다. 그
의 오리엔탈리즘 논리를 살펴보면 다음과 같다.

　첫째로 오리엔탈리즘이 객관적이고 공평무사한 분야로 알려졌지만,
사실은 동양에 대한 서양의 정치적 목적에 봉사하는 기능을 수행해 왔
다는 것이다. 두 번째로 서양이 동양이라는 상대적인 '타자의 이미지'
를 설정함으로써, 서양 스스로의 자아 이미지를 정의하는 데 오리엔탈
리즘이 도움을 주었다는 점이다. 세 번째로는 사이드는 오리엔탈리즘이
아랍인들과 이슬람 문화를 허식적으로 설명하는 오류에 빠지고 있음을
지적한다. 이는 서양인들이 아랍인들과 이슬람 문화의 본질주의적인 특

질을 정의할 수 있다는 잘못된 믿음에서 생겨난다.

이와 관련하여 유럽에서는 중앙집권제와 근대적 국민국가의 틀이 잡히기 시작하였고 14세기부터 16세기에는 르네상스와 종교개혁, 그리고 '지리상의 발견'으로 통칭되는 신대륙에로의 도착이 이루어지면서 변화가 일어나기 시작하였다. 이러한 세력 판도의 재편성을 가능하게 한 것은 오리엔트에 대한 이중적 이미지였다. 이중적인 오리엔트의 이미지는 지리적으로 상이한 지역을 대상으로 하여 전개되었는데, 하나는 이미 유럽의 형성기부터 '타자'로 설정되어왔던 중동의 이슬람 세계이며, 다른 하나는 13세기 몽고인들의 침입 이후로 유럽인들에게 새로운 관심의 대상으로 부각된 인도와 동아시아였다.

오리엔탈리즘 담론을 최초로 세계화한 사이드는 "이슬람을 기독교국가에 대한 정치적인 위협으로, 또한 서양문화의 금욕주의와 대조적인 쾌락주의로 파악하는 이러한 유럽인들의 태도는 동양에 대한 체계적이고 학문적인 분석으로서의 동양학의 출현을 절실하게 하는 기반을 마련해 주고 있다"[38]고 지적하고 이와 관련한 오리엔탈리즘 담론이 출현한 계기를 18세기 말, 19세기 이후의 제국주의와 연결시켰다.

더구나 사이드는 나폴레옹의 이집트 원정(1798~1801) 이후 오리엔탈리즘은 과학적 무기로 무장하기 시작하였다고 보았다. <아시아협회>의 회장을 역임하였던 프랑스의 실베스트르 드 사시(Silvestre de Sacy)가 3권의 『아랍명문선집』을 집필하여 동양학의 과학화를 시도하였고, 르낭(Ernest Renan) 또한 『셈어의 일반사와 비교체계』를 통하여 광신적인 일신교도 셈족이 지닌 인간성의 열등한 배합을 논증하려 함으로써 오리엔탈리즘의 과학화가 이루어졌다는 것이다.

그러나 클라크(J. J. Clarke)는 그의 저서 『동양의 각성(Oriental Enlightenment)』에서 사이드의 오리엔탈리즘을 비판하였다. 사이드의 오리엔탈리즘에 대한 비판은, 우선 오리엔탈리즘을 동양에 대한 서양의 지배와 권력행사를 위한 담론이라는 단선적인 논리로 해석하는 데 대한 의문에서 출발한다. 사이드가 프랑스와 영국 지식인들의 담론에 나타난 허구성을 폭로하고 그 담론에 권력과 지배 메카니즘이 담겨있음을 밝혀낸 성과에도 불구하고 그의 오리엔탈리즘은 몇 가지 한계를 드러낸다.[39)]

첫째, 그는 오리엔탈리스트들이 신비의 땅이었던 동양으로 제국주의의 손길을 유도했다는 점을 폭로하기에 급급하여, 계몽주의의 프로젝트와 관련이 있는 오리엔탈리즘의 지성사적 기원과 전개과정을 포착하는 데 취약점을 드러내고 있다.

둘째, 사이드는 근대세계의 출현 이후 자본주의적 축적체계와 일정한 관련을 맺으며 전개되고 있는 세계체계와 오리엔탈리즘의 관련문제에 주목하지 않았다. 즉 최근 오리엔탈리즘의 담론이 프랑스와 영국에서 시작하여 미국으로 이동된 이유가 그의 논의에서는 제대로 규명되지 않고 있는 것이다. 또한 사이드의 논의에서는 이들 국가와 각축을 벌이며 중심의 패권적 지위를 획득하려 했던, 독일이라는 또 다른 오리엔탈리즘의 중요한 발원지가 분석대상에서 제외되고 있다.[40)]

셋째, 팔레스타인 출신의 기독교도인 사이드는 서구와의 지리적 인접성 및 기독교 문명과의 태생적 관계를 고려하여, 오리엔탈리즘의 적용범위를 주로 이슬람권으로 한정시키는 문제를 드러내고 있다. 한 때는 유럽인들로부터 신비의 땅으로 인식되다가 오리엔탈리즘의 또 다른 희생제물로 전락한 동아시아를 자신의 분석대상에서 제외시킨 것이다.[41)]

이처럼 오리엔탈리즘은 문화적 다원주의와 상대주의 개념과 함께 모더니즘의 중심적 신화들에 의문을 제기하면서 배제되었던 인식론이나 숨겨진 역사의 복원을 주창한다는 점에서 포스트모더니즘의 주장과 상응하고 있다고 할 수 있다.

그것은 현대 서구문화의 특수한 가치관뿐만 아니라 이들 가치관이 근본적이고 보편적인 규범이라고 하는 가설에도 의문을 제기한다. 그러면서 합리성과 개인주의, 그리고 진보와 같은 그러한 서구적 개념을 다른 문화를 판단하는 잣대로 사용하는 것에 대해서도 비판을 제기한다. 오리엔탈리즘의 이러한 속성은 그 자체로 포스모더니즘과 상당한 점에서 공유하는 속성을 가지고 있다.

2. 근대성과 중국의 꿈

서구의 근대화는 몇 가지 부작용들을 초래하였는데, 그것은 인간과 인간 사이의 공동체의 위기와 인간과 자연 사이의 생태위기의 문제라고 할 수 있다. 서구학자들은 이러한 인간 가치 및 공동체의 위기와 생태위기라는 한계상황에서 자신의 시각을 동양으로 돌리는 발상의 전환을 감행했다. 그들은 자신들의 위기가 자연과 인간을 이분법적으로 사유하는 틀에 있었음을 반성하고, 자연과 인간과 신이 어우러져 있는 동양의 세계관에 관심을 가지게 되었다. 그리하여 불교의 연기론적 세계관, 노장의 합일적 사상은 생태위기에 처한 세계를 구원할 새로운 사유의 패러다임이 될 수 있으리라는 막연한 희망을 갖게 되었다. 뿐만 아니라 아시아적 가치로 명명되는 유가의 인본주의적 공동체주의 또한 파편화되어 가는 정보화 사회에서 처방을 제시해 줄 수 있으리란 희망을 가졌다.

17세기 제수이트 선교사들이 중국에 들어와 선교활동을 펼 때 중국의 사상은 그들에게 신기루와 같은 것이었다. 당시 선교사와 라이프니츠(Leibniz)의 서신을 보면 그들은 중국의 상제나 리(理), 또는 주역의 이분법적 사고에 매료되었음을 볼 수 있다. 이러한 긍정적인 시각은 자연환경과 이국적 특성, 그리고 사상적 측면에 영향을 받은 것들이었는데, 라이프니츠(Gottfried Wihelm von Leibniz), 볼프(Christian Wolff), 볼테르(Voltaire) 등이 이러한 견해를 가졌다. 라이프니츠가 우주의 본질을 이루는 '단자(Monad)'와 그 위계구조에 대해 지적하고 그것이 신에 의해 조화가 예정되어 있다는 '예정조화설'을 주장하였을 때, 그의 주장에는 공자의 유교와 노자의 도교, 그리고 중국적 불교가 깔려있었다.

또한 예수회 노엘(Noel)의 유교해석을 진지하게 받아들였던 볼프, 중국에는 가보지 않았음에도 불구하고 두 알도(Du Halde) 신부가 지은 네 권의『중국제국전지』, 마테오 리치의『보고서』, 라 모뜨 르 바이으(La Mothe Le Vayer)의『이교도들의 미덕』등을 읽으며 유교적인 오륜(五倫)의 덕목에 영향을 받고 그 후『중국 고아』를 써서 친중국적인 이미지를 감추지 않았던 볼테르의 생각은 그 후 디데로(Diderot)와 달랑베르(D'Alembert), 그리고 엘베시우스(Helvetius) 등 백과전서학파의 인식에도 크게 영향을 미쳤다.[42] 뿐만 아니라 당시 그들이 경전을 통하여 접했던 공자의 위민(爲民)사상은 프랑스 혁명에 지대한 영향을 끼쳤다고 크릴(H. G. Creel)은 서술하고 있다.[43]

하지만 이후, 중국의 사회제도에 대한 유럽인들의 판단이 인도의 경우보다는 상대적으로 긍정적이었지만, 그렇다고 커다란 인식의 차이가 있었던 것은 아니다. 그 이유는 해외 무역에 종사하는 사람들의 직접적인 체류경험을 통하여, 중국도 인도와 마찬가지로 더 이상 이상향의 지대가 아닌 것으로 드러났기 때문이다. 이와 관련하여, 루이 14세의 스승이었던 보쉬에(Jacques B nigne Bossuet)주교는 전제정치의 특징을 보편적인 노예제, 통치자의 절대적 권력, 자의적인 권력, 그리고 사유재산제의 부재라고 지적하고 중국을 그에 비유하였다. 그는 동양을 타자화시키는 데 있어서는 계몽주의적 전통과 동일한 입장을 견지하였다.[44]

동양 – 이슬람권, 중국, 인도 – 에 대한 이러한 부정적 인식은 그 뒤

18세기 후반에 계몽주의의 흐름을 서구중심적 진보관에 대한 논의로 바꿔놓고 말았다.[45] 그 대표적인 사상가로 헤겔을 들 수 있다. 헤겔은 아시아적 정신이 자유(Freiheit)를 추구해 가는 이성의 자기실현으로 표현되는 세계정신의 발달사 속에서 유년기의 수준을 벗어나지 못한다고 혹평하였다. 이러한 헤겔의 '이성'의 노선을 이은 것이 베버의 '합리성' 개념으로 본 동양이해이고 이러한 관점은 최근 아시아의 급속한 경제발전 이전까지 지속되어 왔다.[46]

헤겔의 역사철학은 역사를 이해하는 하나의 결정적 전기를 마련했다. 그러나 헤겔은 비서구 세계의 다른 정신 정통 및 유교를 함께 묶어 '정신'의 초창기로 격하해 버렸다. 그리하여 그 후 유교 윤리를 '봉건적'이라고 주장하는 모든 입장은 헤겔 역사철학이 주장한 역사상의 필연성에 바탕을 두게 되었다. 그런데 여기에 하나의 아이러니가 있다. 칸트의 저 유명한 질문, "계몽이란 무엇인가?"로 상징되는 계몽주의 프로젝트는 오히려 비서구사회, 특히 유교적 중국사회가 계시 종교의 도움 없이도 질서정연한 사회를 수립했다는 사실을 확인해 주고 말았던 것이다.

막스 베버는 근대 자본주의 정신은 전통주의와의 처절한 투쟁에 의하여 획득되었다고 간파하였다. 그는 근대 이후에 서구 사회에서 모습을 드러낸 특유의 합리주의, 경제적 행위 원리의 내적 토대를 이루고 있는 인간의 능력과 성향을 이해하고자 하였는데, 이러한 문제 설정은 자연스럽게 종교 윤리로 이어진다. 베버는 과거의 역사에서 삶을 이끌어 가는 원리를 형성하는 가장 중요한 요소는 주술적이고 종교적인 성격과, 그것에 근거를 둔 윤리적 의무 관념이었다고 보았다.[47]

요약하면 베버(Max Weber)의 연구는 경제적 영역의 합리주의 또한 종교신앙의 내용에 의해 크게 좌우된다는 것을 보여주는 것이다. 서구에서 자유주의와 인권사상의 발흥은 이와 같이 그들의 전통인 기독교에 대한 과감한 재해석의 결과이다. 그리고 한편으로 보면 이러한 공적인 차원에서의 윤리는 유교적 인정주의와는 정면으로 대립되는 것이다.

베버의 시각은 아시아의 문화적 가치와 경제발전의 상관관계를 분석한 이론들이다. 그의 첫 번째 역설은, 비세속적인 일에만 전념하며 수도원에서 금욕 생활을 실천했던 수도사들이 세속의 이익을 가져오는 아주 효율적 조직을 만들어 냈다는 사실이다. 두 번째 역설은, 자본주의를 만들어 낸 핵심적 행위자는 이승의 선행이 저승의 보상과 연결된다고 믿었던 기독교 교파가 아니라, 예정설을 믿었던 칼뱅주의자였다는 사실이다. 예정설은 사람들에게 깊은 정신적 불안감을 심어 준다고 보았다. 그리하여 사람들은 자신이 '뽑힌 사람'에 들어간다는 증표를 얻기 위해 열심히 노력하게 된다는 것이다. 그러니까 핵심적인 추동력(drive)은 정신적 불안이었다.

하버마스(Jurgen Habermas) 같은 현대사상가들이 이해한 바와 같이, 근대 서구의 동력이 물질의 진보를 향해 거침없이 나아가던 19세기에 발생한 현상은 계몽주의 사상을 직접 적용한 결과가 아니었다. 오히려 합리성이라는 계몽주의의 자취는 '풀려난 프로메테우스'에 의해서 크게 파괴되었다. '풀려난 프로메테우스'는 과거에서 해방되어 자연을 완전 정복하겠다는 무자비한 추구를 가리키는 상징어로서, 자연에 대한 공격적인 태도, 정복, 패권, 노예화, 인간발전의 모델이 되었다. 권위와 독단(dogma)의 경계에서 완전 해방되겠다는 요구는 계몽주의 사상을 정의하는 핵심적 특징이었다. 자연에 대한 공격적인 태도 역시 계몽주의 사상의 핵심 부분이었다.[48]

이처럼 헤겔, 마르크스, 베버 등은 비록 근대 서구의 단점도 있지만 서구는 분명히 발전해 나가는 지역이므로 나머지 세계는 이 서구에서 배워야 한다는 인식을 공유했다. '정신'의 전개, 역사상 불가피한 과정, 근대성의 '철창(iron cage)'은 본질적으로 유럽식 문제인식 틀(Problematik)

이었다. 유교의 동아시아, 이슬람의 중동, 힌두교의 인도, 불교의 동남아시아 등은 이런 서구식 과정을 수용해야만 하는 세력이었다. 그리하여 동일화 과정으로서의 근대화 과정에서는 문화적 다양성이 별로 중요하지 않으리라고 예상되었다. 이들은 유교나 기타 비서구권의 정신 전통이 근대화 과정에 영향을 미칠 가능성은 전혀 고려하지 않았다. 전통에서 근대로의 이행은 불가역적이고 또 불가피한 과정이라고 생각했기 때문이었다.

베버는 중국 문화를 자세하게 분석하고 유교 정신과 퓨리터니즘(퓨리탄정신)을 비교하면서, 유교의 군자 개념을 이렇게 설명했다. 군자는 "외부환경, 이 세상의 조건에 적응해야 한다." 유교 문화는 내적 긴장이나 정신적 불안정 없는 조화를 하나의 이상으로 여겼다. 베버는 중국인의 성격을 아주 자세하게 묘사했다. 그들은 적응에 능할 뿐만 아니라 '무한한 참을성'과 '절제된 공손함', '단조로움에 대한 무관심', '지속적으로 열심히 일하는 능력' 등을 갖고 있다고 말했다. 중국인은 근면을 이상화하지 않고 '행운'의 중요성을 강조한다. 적절한 의식을 치르면 이 행운의 가능성이 높아진다고 믿는다. 인생의 많은 부분이 행위자를 둘러싼 외적 환경에 의해 결정된다는 중국인의 근본 신념에 철학적인 바탕이 되는 근원은 또 다시 도교이다. 이처럼 행운의 강조는 현실지향적인 인생관을 낳았다.[49)]

중국에서 의사 결정의 핵심은 상황을 조심스럽게 판단하고 이점을 최대한 이용하는 것이었다. 이렇게 하여, 행운을 강조하는 비속세적 태도가 오히려 객관적 현실을 생생하게 파악하도록 만드는 역설적 효과를 낳는다. 이런 지향성(orientation)이 있기 때문에 중국인은 시장의 구조와 성격에 아주 민감하다. 중국인에게 시장은 이론적 추상체가 아니라 살아있는 생생한 현실체이다.

데이빗 멕클레란드의 성취욕구(need for achievement)개념도 중요한 중국식 문화 가치를 설명한다. 비록 육체노동과 근면은 경멸했지만, 그래도 유교주의는 자기 향상의 중요성을 강조했다. 그래서 유교문화는 성취동기를 존경한다. 성취와 종속의 역설적 결합은 중국의 전통적 사회화 과정의 필수 요소인데, 그러나 역설적이게도, 중국 문화는 종속 관계(dependency)의 이점을 강조한다. 이러한 심리적 지향은 자급자족을 숭상하는 입신출세와는 상반된다. 성취 욕구와 종속 상태의 적절한 균형은 신뢰에 바탕을 둔 운영과 개인 관계의 역학에 밀접하게 관련되어 있다.

3. 한국과 동양, 그리고 서양

19세기 후반 오리엔탈리즘에 의한 문명/야만의 논리는 근대화론의 근대/전통의 틀로 바뀌어 전후 동아시아 연구자들에 의해 일관되게 연구되어 왔다. 제2차 세계대전 이후 식민지의 독립으로 제국주의의 정치적·경제적 충격은 약해졌지만, 사상이나 관념, 혹은 문화적 영역에서 오리엔탈리즘은 오늘날에도 여전히 강한 영향을 미치고 있다.

이에 대해 사이드의 오리엔탈리즘 비판 등 탈식민주의 전략과 더불어 많은 학자들이 서구 중심적 세계관을 극복하려 노력하여 왔다. 실제 19세기 이전에는 유럽중심주의가 존재하지도 않았다는 비판, 서양의 충격으로 중국이 비로소 역사를 진전시켰다고 파악하는 충격·반응 이론, 근대화론 및 제국주의 패러다임이 갖는 서양중심주의를 비판 한 후 그 대안으로 제시한 중국 중심의 접근법, 한국에서 학문의 서구중심주의 추종과 대외종속성에 대한 비판들이 지적된 바 있다.[50]

그러나 서구 학자들의 이러한 인식은 동양사상의 본원적인 심도 있는 이해에서 비롯되었다기 보다는 아시아의 경제발전의 질곡을 따라

피상적 인식 속에서 자신들의 편의에 따라 아시아적 가치의 내용을 과장 또는 폄하하여 왔음도 부인할 수 없다. 일례를 들자면 유교 자본주의의 경우, 아시아국가의 경제발전이 빠르게 진행되어 갈 때는 다소 과장적인 가치평가가 따랐으나, 아시아에 전반적인 경제위기가 닥치자 그 위기 곡선 여하에 따라, 유교의 연고주의—이것은 그들이 유교자본주의의 장점으로 평가했던 것이었다—의 부정적 측면을 강조하는 등 일관적이지 못한 태도를 보여 왔다.

한편, 한국을 비롯한 동아시아의 자본주의 발전을 바라보는 서구인의 시각은 '유교 자본주의'라는 용어를 만들어 냈다. 일본을 비롯한 아시아 4룡의 급속한 경제발전의 기저에 유교사상이 긍정적으로 작용했음을 인정하고, 유교의 가족주의에 기초한 집단주의 윤리와 공동체에 대한 연대성, 도덕성의 추구, 지행일치 등을 그 긍정적 요인으로 평가한 것이다.

특히 1990년대 탈냉전이라는 국제정세의 변화와 동아시아의 경제성장으로 서구중심주의에 대한 비판을 넘어 문명적 대안으로 동아시아 담론이 등장하게 되었다. 동아시아에서 공산/민주 구분이 흐릿해지면서 문화의 유교적 특징이 강해지면서 유교휴머니즘이 부각되기 시작하였다. 이 유교휴머니즘은 네트워크 자본주의, 부드러운 권위주의, 집단정신을 형성하면서, 시장경제와 정부, 법률과 유기적 연대, 가정과 국가, 교육과 자기수련을 담당하게 되었다.[51]

유교적 근대성(confucian modernity)은 서구와는 차별되는 다원주의의 성격을 띤다. 최근 공동사회(gemeinschaft)에서 이익사회(gesellschaft)로의 이행은 피할 수 없는 일인데, 그 때문에 막스 베버는 '보편적 형제애'를 가리켜 "근대의 세속 세계에서는 실현 불가능한, 낡은 중세적 신화"라고 말했다. 하지만 정치적·윤리적 관점에서 볼 때, 세계의 국가가족들은 자기이익의 수사법을 극복하고 상호의존의 사해동포 정신을 되찾기 위해 꾸준히 노력할 필요가 있다.

유교의 정치이념은 일본과 네 마리 용의 발전에도 그대로 작용했으며, 중국, 북한, 베트남의 정치 과정에서도 분명하게 발견된다. 유교전통의 영향을 받은 동아시아 근대성은 통치와 리더십의 일관된 비전을 보여 준다. 시장 경제에서 정부의 주도적 역할은 필요할 뿐만 아니라 바람직하다. 법률이 사회 안정을 유지하는 데 최소한의 필수 사항이지만, '유기적 연대'는 상호작용의 인간적 의식을 실천하는 데서 비롯한다.

다니엘 벨(Daniel Bell)은 자본주의가 갖는 세 가지 근본적인 긴장에 대하여 금욕주의 대 탐욕주의, 전통 대 근대성, 도덕성 대 법으로 분석하고 후자들이 우세해 지는 데 대하여 유감을 표명하였다. 그는 아시아를 공동체주의가 지배하는 사회라고 규정하면서 자유주의의 대안으로서의 공동체주의의 아시아적 변형에 대한 유교적 근원을 연구하는데 관심을 기울이고 있다.[52]

데이빗 홀(David Hall)은 유교가 탐욕주의, 근대성, 법으로 기우는 현대사회의 공통된 경향을 제어할 수 있다고 하면서 유교의 순 기능적인 면을 강조하였다.[53] 이택휘는 가장 개방적인 체제운영 원리중의 하나가 유교라고 주장하여 그 장점으로서, 왕도정치로 뒷받침되는 유교의 도덕성, 정명사상, 민본사상 등을 들고 있다.[54] 이와 같이 한국에서의 자본주의의 발전 요인을 유교윤리가 가지는 순기능적 측면에서 찾고자 하는 시도가 있다.

하지만 유교의 위계질서나 정명사상은 자유주의의 인권사상과 정면으로 충돌하는 개념이며 조상숭배를 통한 씨족공동체적인 혈족문화는 대 인간적인 주종관계를 지향하는 사회구조의 성격을 형성하게 되었다. 유교적 사회관과 세계관에서 볼 때에 사회와 국가는 단지 가족의 확대물에 지나지 않는다. 즉, 유교적 윤리에 있어서는 '사적 윤리'와 '공적 윤리'가 명확하게 구분될 수 없는 모순이 배태되어 있다.

막스 베버는 프로테스탄트의 윤리적이며 금욕적인 종파들의 위대한 업적은 씨족적 유대를 돌파하고 혈연공동체(가족)에 대립하여 신앙공동체 및 윤리적으로 삶을 운용해 가는 뛰어난 집합체를 구축한데 있다고 보았다. 그러나 유교 윤리는 인간적 관계만을 신성시한다. 그리하여 결과적으로 인간 대 인간, 즉, 주인과 종, 고위관료 대 하위관료, 아버지와 아들, 형제들 간의 관계, 스승과 제자, 친구들 사이의 인간관계 등을 통하여 형성된 대 인간적 주종의 의무와는 다른 어떤 사회적 의무도 알지 못했다.

사적 윤리만이 존재하고 공적 윤리는 부재하는 유교전통은 자유민주주의와 자본주의의 한국사회에 있어서도 혈연·지연·학연을 중시하는 관계위주의 정경유착과 사회비리를 낳았고, 1990년대 말의 한국경제와 사회에 연이은 위기를 제공하게 되었다. 공교롭게도 비슷한 시기의 일본을 비롯한 아시아 4룡의 추락은 아시아 경제의 급성장을 주도했다고 여겨진 유교전통에 대한 재평가를 요구하게 되었다.

이처럼 아시아 국가들의 근본적인 문화 결정인자에 대한 공통 견해는 40년 동안 두 번씩이나 확 뒤집혔다. 첫째, 아시아문화는 경제 성장을 일으킬 능력이 없다는 오랜 가정 사항이 1970년대와 80년대에 극적으로 깨져버린 것이다. '기적적인' 경제 국가들, 보다 구체적으로 '네 마리의 작은 용'이 등장하면서 그런 전제는 더 이상 통하지 않게 되었다. 이 지역이 개발도상국가들의 선망 지역이 되면서, 경제발전의 아시아식 모델이라는 말이 많이 나왔다. 그러다가 1990년대에 들어와 전보다 더 급격한 위기와 붕괴가 닥쳤다.

그렇다면 어떻게 동일한 문화적 가치가 발전기(성장)와 도미노(붕괴)라는 상반되는 현상을 낳을 수 있는지 곰곰 따져 보아야 마땅하다. 아시아가 침체에서 극적 성장으로, 그리고 성장에서 다시 붕괴로 이어지는 극단적인 행태를 보인다는 사실은 과연 문화 요소가 국가 발전에 기

여하는지 심각한 의문을 제기한다. 분명히 이들 나라들의 근본적인 문화가 바뀐 것은 아니다.[55]

단지 경제 성공과 권위주의 통치를 결합시킴으로써, 아시아 국가들이 주목받을 만한 무언가를 만들어 냈다는 것이다. 그리하여 아시아적 가치라는 개념은 경제 발전과 권위주의 통치를 표상하게 되었다. 가족 및 기타 유대에 바탕을 둔 기업의 개인적 관계는 지난 30년 동안 동아시아와 동남아시아의 발전에 도움을 주었다. 그러나 20세기 말의 마지막 3년 동안에는 나쁜 영향을 미쳤다.

개인 간 유대를 통한 안전 확보가 동아시아와 동남아시아의 장래에 별로 도움이 되지 못하는 데는 두 가지 이유가 있다. 첫째, 아시아 금융 위기가 이런 환경에서 조성된 금융 제도의 허약성을 적나라하게 노출했기 때문이다. 둘째, 이제는 국제 경제 체제가 바뀌었다는 사실을 들 수 있다. 이 체제의 규칙은, 국제무역기구(WTO) 같은 제도에서 볼 수 있듯 법의 지배에 바탕을 둔 경제 체제에 연계되어 있다. 그러므로 동아시아와 동남아시아의 나라들은 그들의 경제 체제를 강화하여 투명한 법칙의 지배를 받는 것이 좋다.

그런데 오늘날 자본주의에 대한 가장 심각한 위협과 불만은 경제적인 것이 아니라 바로 도덕적 불만이다. 동아시아 경제 모델이든 유교 자본주의이든 간에 한국 자본주의 사회가 갖는 위기감 또한 도덕과 윤리의 상실이라고 하겠다. 그리고 이것은 유교전통에 근거하는 한국인의 윤리의식과도 관계가 깊은 것은 부인할 수 없는 사실이며 한국 자본주의의 특수성이기도 하다.[56]

하지만 오늘날의 동아시아는 서구 근대성의 부정적 양상을 노골적으로 드러내고 있다. 착취, 중상주의, 소비주의, 물질주의, 탐욕, 이기주의, 노골적인 경쟁심 등이 그런 것이다. 그렇지만 비서구 지역으로는 처음 근대화된 지역인 동아시아에서 '유교정신'이 다시 대두하고 있다는 사

실은 의미심장한 일이다. 유교적 근대성은 근대화는 곧 서구화(미국화)
라는 등식을 단호히 거부하는 것이며, 태평양 세기의 도래와 함께 동아
시아의 부상은 일원주의보다는 다원주의로의 전환을 의미한다고 할 수
있다.

유교 전통을 갖고 있는 동아시아가 완전 서구화하지 않고서도 근대
화를 달성한 성공 사례는 근대화가 각각 다른 문화 형태를 가질 수 있
음을 보여 주었다. 하지만 중국이나 조선이 왜 정체되고 자본주의가 발
전하지 않았는가에만 관심을 두었을 뿐 서구의 폭력적인 자본주의의
발전이 과연 바람직한 문명인가에 대해서는 애초부터 논의조차 없었다.

근대 동아시아에서의 서양화는 한편으로는 제국주의에 의해 강요되
었지만 다른 한편으로는 자발적인 측면도 있다. 즉 오리엔탈리즘의 체
계화와 내면화이다. 일본은 동아시아에서 자신만이 서구적 근대화에 성
공했다고 자부하게 되고 동양을 타자화하는 일본형 오리엔탈리즘을 만
들어 냈다. 일본은 망해가는 중국(동양)과의 차별성을 확실하게 준비한
셈이다. 일본은 스스로를 아시아의 영국, 명예백인으로 규정하였다.[57]

한국에서 오리엔탈리즘의 진정한 극복은 아직 미완의 과정에 있다고
할 수 있다. 그것은 유럽의 근대를 중시하면서, 동양 내부의 패권문제와
도 관련된다. 현재 동아시아 담론에는 일본의 '오리엔탈리즘적 심상지
리(心象地理)'가 여전히 질곡으로 작용하거나,[58] 중국의 패권적 중화주
의가 부상되는 문제가 있다. 또한 일본의 오리엔탈리즘적 아시아 정책
이 야기한 역사인식의 분열이 동아시아 내부의 모순으로 존재한다. 이
러한 동아시아 내부의 모순을 대면하고 그 대안을 마련하기 위해서는,
오리엔탈리즘의 동양인식이 해체되어야 한다.

일본형 오리엔탈리즘에는 유럽중심적 문명관에 따른 동양의 타자화
뿐만 아니라 사회진화론적 세계관에 의한 '힘'의 숭배라 할 수 있는 '국
가', '강권', '약육강식' 같은 폭력적 논리가 횡행한다. 오리엔탈리즘의

내면화 과정에서 전개된 불평등과 지배 복속관계의 정당화, 자발적인 복종을 유도하는 지배 이데올로기의 유산 등 동아시아에 오리엔탈리즘이 남긴 잔재와 폐해는 전후에도 계승되고 있다.

그러나 오리엔탈리즘의 극복과 학문의 주체화를 위한 논리가 또다시 동양과 서양의 이항 대립적 논리를 취한다거나, 동아시아의 후진성을 변호하는 식으로는 안 될 것이다. 유럽 중심적 세계에서 성취한 자산과 가능성을 활용하지 않고는, 유럽중심주의의 진정한 극복이 불가능하다는 역설적인 현실에 주목해야 할 것이다.

나아가 오리엔탈리즘과 동아시아의 소외 극복은 타자화에서 주체화로의 길임과 동시에, 자기 속의 타자(동아시아)와 타자 속의 자기를 돌아보는 성찰적 주체화로 나아가는 길이어야 한다. 아시아를 '야만'으로 규정하고 자국의 문명을 강제로 이식한 서양과 달리, 식민화의 시련을 겪었지만 자신의 문화를 밑바닥에서부터 다시 검토하고, 그 위에 자발적인 연대와 저항의 힘을 생산해온 동아시아의 역사적 경험으로부터, 우리는 '타자'를 왜곡하지 않는 주체화의 추동력을 찾아내어 발전시켜야 한다. 이로부터 제국주의적 오리엔탈리즘으로 왜곡된 '동양'과 결별하고, 새로운 '동아시아'와 '한국'을 만들어 나갈 수 있을 것이다.[59]

주)

1) 『한겨레신문』 2006년 9월 6일자 기사.

2) 『문화일보』 2006년 4월 3일자 기사.

3) 김성한, 「동물의 도덕적 지위에 관한 진화론의 함의」 『철학연구』 98집, 대한 철학회, 2006.5, 28~29쪽.

4) 찰스 W. 밀스, 정범진 역, 『인종계약』, 아침이슬, 1997, 124~133쪽.

5) 김광억 외, 『종족과 민족』, 아카넷, 대우학술총서 577, 2005, 31쪽.

6) 『세계일보』 2006년 12월 6일자 기사.

7) 박의경, 「하이브리드 민족주의 : 미국적 예외주의를 중심으로」 『국제정치논총』 36집 2호, 1996.

8) 조성환, 「세계화시대의 동아시아 민족주의」 『세계지역연구논총』, 한국세계지역학회, 2005, 338~340쪽.

9) 임지현 엮음, 『근대의 국경, 역사의 변경』, Humanist, 2005, 32~34쪽.

10) 이정우, 「한국 민족주의의 두 얼굴」 『시대와 철학』 17권 1호, 2006, 218~224쪽.

11) 廣松涉, 김항 옮김, 『근대의 초극』, 민음사, 2003.

12) 박의경, 「동북아 협력의 모색과 21세기 한국 민족주의를 위한 제언」 『한국동북아논총』, 한국동북아학회, 2006, 220쪽.

13) E.B.Tyler, *Primitive Culture*, 1871. Quated in J. Goudsblom, *Nihilism and Culture*, Oxford, Basil Blackwell, 1980, p.56.

14) R. Williams, *Keywords*, London, Fontana, 1983, p.90.

15) John Tomlinson, *Cultural Imperialism*, Baltimore: Johns Hopkins University Press, 1991, p.91.

16) J.Tunstall, *The Media are American*, London, Constable, 1977, p.57.

17) S.MacBride, *Many Voices, One World*: Report by the International Commission for the Study of Communication Problems, Kogan Page/UNESCO, 1980, p.49.

18) John Tomlinson, op. cit., 1991, pp.104~113.

19) 코디 최, 『20세기 문화지형도』, 안그라픽스, 2006, 223쪽.

20) 김성곤, 「다문화주의와 인문학 교육의 미래」 『철학과 현실』 52호, 2002년 봄, 39~41쪽.

21) 박이문, 「문화다원주의 타당성과 그 한계」 『철학과 현실』 52호, 2002년 봄, 23~29쪽.

22) C. Taylor, "Die Politik der Anerkennung", in: *Multikulturalismus und die Politik der Anerkennung*, Frankfurt, a. M, 1997, p.70. (송영배 역, 『불안한 현대사회』, 이학사, 2003).

23) 정미라, 「문화다원주의와 인정윤리학」 『범한철학』 36집, 범한철학회, 2005년

봄, 226～231쪽.

24) 로버트 B. 애저튼, 「전통적인 믿음과 관습들 — 어떤 것은 다른 것보다 더 나은 가?」새뮤얼 P. 헌팅턴·로렌스 E. 해리슨 공편, 이종인 옮김, 『새뮤얼 헌팅턴의 문화가 중요하다』, 김영사, 2001, 209～213쪽.

25) 리처드 A. 쉬웨더, 「도덕적 지도, 제1세계의 자부심, 새로운 복음 전도자」, 위의 책, 259～292쪽.

26) 캐롤린 라마자노글루, 김정선 옮김, 『페미니즘, 무엇이 문제인가』, 문예출판사, 1997, 26쪽.

27) 한국여성연구회, 『여성학 강의』, 동녘, 1999, p.43.

28) 같은 책, p.45.

29) 조세핀 도노번 지음, 김익두·이월영 옮김, 『페미니즘 이론』, 문예출판사, 1998, 262쪽.

30) *Encyclopedia of Feminist Theories*, Edited by Lorraine Code, NY; Routledge, 2000, p.350.

31) Ibid, pp.351～352.

32) 이정옥, 「페미니즘과 모성」, 심영희 외, 『모성의 담론과 현실』, 나남출판, 1999, 47～50쪽.

33) 같은 논문, 55～59쪽.

34) 최문형, 「단군신화와 기독교사상의 여성관」 앞의 책, 192쪽.

35) 이정옥, 앞의 논문, pp.62～63.

36) 최문형, 「동학의 모성론과 미래지향의 여성상」, 동학연구 19, 2005.9.

37) Edward Said, *Orientalism*, Vintage Books, 1978. (박홍규 역, 『오리엔탈리즘』, 교보문고, 1991)

38) 같은 책, 76쪽.

39) 박희, 「세계와 타자: 오리엔탈리즘의 계보(Ⅱ)」, 담론201, 한국사회역사학회, 2002, 160～161쪽.

40) Windschuttle, Keith, "Edward Said's Orientalism revisited", *New Criterion*, vol. 17, No. 5, 1999, pp.30～38.

41) Clark, J.J., *Oriental Enlightenment: The Encounter between Asian and Western Thought*, London and New York: Routledge, 1997.

42) 히라카와 스케히로(平川祐弘), 『마테오 리치: 동서문명교류의 인문학 서사시』, 동아시아, 2002, 760～764쪽.

43) H.G.크릴, 이성규 역, 『공자, 인간과 신화』, 지식산업사, 1997.

44) Franklin L. Baumer, 『유럽 근현대 지성사』, 현대지성사, 1999, 99쪽.

45) 박희, 앞의 논문, 164～165쪽.

46) 최문형, 『동양에도 신은 있는가』, 백산서당, 2002, 27～31쪽.

47) Max Weber, op. cit., p.12.

48) 뚜 웨이밍, 「다중 모더니티: 동아시아 모더니티에 대한 예비적 고찰」, 새뮤얼 P. 헌팅턴·로렌스 E. 해리슨 공편, 앞의 책, 392~394쪽.

49) 루시안 W. 파이, 「아시아적 가치: 발전기에서 도미노로?」 같은 책, 380~383쪽.

50) 김정현, 「오리엔탈리즘과 동아시아」, 『중국사연구』 39집, 2005.12, 159~161쪽.

51) 뚜 웨이밍, 「다중 모더니티: 동아시아 모더니티에 대한 예비적 고찰」, 새뮤얼 P. 헌팅턴·로렌스 E. 해리슨 공편, 앞의 책, 396~399쪽.

52) Daniel Bell, "Asian Communitarianism", *Confucian Democracy, Why & How*, Seoul: jontonggwahyundai, 2000, p.15.

53) David Hall, "Why Confucious Now?", op. cit., p.11.

54) 「좌담-왜 유교인가」, 『전통과 현대』 여름호, 1997, 210~211쪽.

55) 드와이트 H. 퍼킨스, 「법률, 가족연대, 동아시아의 상거래 관행」, 새뮤얼 P. 헌팅턴·로렌스 E. 해리슨 공편, 앞의 책, 359~373쪽.

56) 최문형, 「유교와 기독교의 공적 윤리」, 『한국전통사상의 탐구와 전망』, 경인문화사, 2004, 365~369쪽.

57) 박지향, 『일그러진 근대-100년 전 영국이 평가한 한국과 일본의 근대성』, 푸른 역사, 2003.

58) 김정현, 앞의 논문, 187~190쪽.

59) 같은 논문, 188쪽.

제4장
공존과 화해의 모색

Ⅰ. 인간과 인간의 화해

1. 차이와 차별을 구별하기

서양의 르네상스 이후의 역사는 종교와 신에 얽매어 있던 인간 소외의 해소, 즉 인간성을 회복시키고자 하는 일관된 목적으로 전개되었다. 신을 대상화함으로써 신과의 영원한 합일을 꿈꾸었지만, 동양과는 달리 신과의 완전한 합일에는 도달할 수 없었던 서구사상은 15세기 르네상스, 16세기 종교개혁, 17세기 과학혁명, 18세기 산업혁명을 거치면서, 감수성과 리비도를 지닌 인간 본래의 모습을 회복하자는 자기 찾기의 목소리가 강해진다. 이 당시의 인간회복은 중세기에 신과 공동체의 거대한 그늘에 가려있던 인간의 자기각성이라고 할 수 있겠는데, 이러한 자유주의의 물결은 인간의 창의성을 신장시켜 활발한 발명 작업이 고무되었고 그 결과 과학과 기술, 거대한 문명의 발달이 부산물로 주어졌다.

그러면 인간은 자기 찾기에 성공하였는가? 불행히도 인간은 기술과 문명, 그리고 그것들이 창출해낸 자본 앞에서 왜소화되고 객체화되어갔다. 그에 대한 우려의 목소리를 높인 것이 마르크스이다. 그는 현대사회에서 인간의 소외문제를 최초로 심도 있게 제기했고 진정한 인간의 회복을 주창하였다. 물론 그의 사회주의 혁명실험이 근 백여 년 만에 실패한 것은 사실이지만 자본주의 문명의 인간소외와 인간상실이라는 거대한 문제를 제기하여 수정자본주의의 성립을 고무시킨 점은 그의 공헌이라 아니할 수 없다.

발칸반도나 아프리카에서는 민족이나 종족간 분쟁을 통해 아직도 국민국가 건설이라는 근대의 과제에 집착하는 나라가 있는가하면, 서유럽에서는 300~400년을 유지해 온 국민국가를 넘어서는 유럽 통합이 추진되고 있다. 신자유주의적 자본주의 질서가 전지구화 하면서 각국의 정치경제체제가 격변하고 있다. 1997년 말 아시아권에서 시작된 세계 외환위기는 초국적 자본의 자유로운 이동으로 국가단위의 통제 장치가 무력화된 것이다. 이는 곧 17세기 이래 인류가 가장 이상적인 공동체로 여겨온 국민국가 모델이 무너지고 있음을 보여주는 것이다.

민주화와 과학기술의 발달 속에 개인주의가 심화되고 신자유주의적 자본주의와 가상공간의 확대로 국경 붕괴의 조짐마저 나타나고 있다. 한편, 현실세계와 가상세계 사이에서는 수많은 공동체들이 형성되고 있다. 개인들은 가상공간에서 취향이나 관심들을 따라 이합집산하며 모임의 분화를 거듭하고 있다. 인터넷을 통한 전세계의 네트워크화는 인간의 '시공간' 개념을 바꾸어 놓았다. 이제 국민국가의 주요 형성요인이던 혈연·지연·언어·문화·경제 등의 동일성은 개인간 연대의 수많은 관심사 가운데 하나일 뿐이다.

지금까지 유럽문화의 중심은 과학기술로 인한 기계화와 생산력에 토대를 두고 있으며, 근본적으로 문화적 다원주의를 배경으로 하고 있다. 문화적 다원주의 수용은 21세기에 들어와 이제 불가피한 사실이 되었다. 다원적 문화는 이제 더 이상 기존 서구 강대국들의 관용이나 아량으로 형성되지는 않는다. 문화다원주의 논쟁은 다인종으로 구성된 미국에서 가장 활발하게 일어났으며 캐나다, 영국, 오스트레일리아, 뉴질랜드로 확산되었고, 현재에는 한국을 비롯한 아시아와 아프리카를 포함한 세계 각국으로 퍼져 나갔다.

무엇보다 문화 다원주의의 문제는 한편으로는 문화의 다원성 즉, 복수성에 대한 사실적 명제이며 다른 한편으로, 한 문화가 다른 문화에 대해 가져야 할 태도라는 규범적 명제를 전제로 한다. 문화다원주의는 최소한의 사회적 질서를 유지하기 위해서 한 사회 내에서 불가피한 갈등이 일어났을 때 그것을 해결하는 합리적인 방법과 절차가 필요로 한다. 즉, 모든 사회에 다 같이 적용될 수 있는 비폭력적인 방법이라는 원칙을 위해서 보편적인 관점을 고안해내야 한다.[1]

현재 미국과 서유럽에서는 포스트모더니즘과 문화다원주의의 가치 상대주의적인 주장들이 많지만, 이는 또한 심한 거부감을 일으키기도 한다. 특히, 민주주의 정부의 기본권인 인권은 문화상대주의와 관계하면서 인본주의적 근거로서 점차적으로 정부간섭을 거부하고 있다. 문화다원주의는 차이의 인정과 상호존중에서 나오는 사회적 훈련이다. 따라서 우리가 다양한 삶의 현장에서 다문화의 내재되어있는 가치를 긍정해야만 한다. 문화상대주의는 타 문화의 인정과 존경, 다른 삶의 방식에 대해 인정하고 존중해야 한다. 국가적으로는 자신의 정체성과 진실성에 대한 이해는 동등한 인정의 정책을 필요로 한다.[2]

헌팅턴은『문명의 충돌』에서 미래의 가장 위험한 충돌은 서구의 오만함, 이슬람의 편협함, 중화의 자존심이 복합적으로 작용하여 발생할 것이라고 전망했다. 서구는 도전의식이 강한 이슬람 문명과 중국문명에 대해 항상 긴장감을 느끼며, 이들과의 관계는 대체로 적대적일 수밖에 없는 것이다. 헌팅턴은 세력이 약하며 서구에 대한 의존도가 높은 라틴아메리카나 아프리카와의 관계는 갈등의 소지가 높지 않고 특히 라틴아메리카와의 관계는 원만한 것으로 파악했다. 하지만 이슬람과 중국은 다르다. 그들은 서로 다른 문화적 전통을 갖고 있지만, 둘 다 서구에 대해 커다란 우월 의식을 갖고 있다. 이 두 문명의 실력과 자긍심은 점차 늘어나고 있으며 가치관과 이익을 둘러싼 서구와의 충돌 역시 다각화되고 심화될 것으로 보았다.[3]

헌팅턴은 여러 세기 동안 지속되어 온 문화적 차이를 바탕으로 세계를 8개 내지 9개의 문명으로 나누었다. 그 문명은 서구기독교, 그리스정교, 이슬람, 유교, 일본, 힌두, 불교, 아프리카, 라틴 아메리카이다. 그리고 미래의 갈등은 이런 문명들을 갈라놓는 단절선을 따라 발생할 것이라고 주장했다. 그는 이제 냉전이 종식되었으므로 정치 갈등은 이념이나 경제 경계보다는 이들 문화 구분에 따라 발생할 것이라고 주장했다.

이와 관련된 논의로서, 퍼트남은 민주 제도가 잘 기능하고 있는 이탈리아의 지역은 여러 세기 전부터 민간 사회가 잘 개발되어 있었던 지역이라고 주장했다. 해리슨은 발전은 사회의 기본 문화적 가치에 강한 영향을 받는다고 주장했다. 한편 후쿠야마는 세계 시장에서 경쟁하는 사회의 경쟁력은 사회적 신뢰도로 결정된다고 주장하면서 '낮은 신뢰도(low-trust)' 사회는 대규모의 복잡한 사회제도를 효율적으로 만들어 내지 못하기 때문에 불리한 입장에 놓인다고 말했다.[4] 이런 여러 학자들의 분석은 현대 사회가 오랜 세월 지속되어 온 뚜렷한 문화적 특징의 영향을 받는다는 전제 조건을 지지한다. 그리고 이런 문화적 특징이 한 사회의 정치·경제의 수행 능력에 중요한 영향을 미친다고 본다.

한편 전통적/합리적 가치와 생존/자기표현 가치로 문화를 보는 관점이 있다. 전통적/합리적(세속적) 차원은 무엇보다도 먼저 종교사회와 비종교적 사회의 대비와 관련 있지만, 그 외의 다양한 관심사와도 관련이 있다. 가족 간의 유대와 권위에 대한 복종(군사통치에의 승복 포함)의 강조도 역시 중요한 주제다. 여기에는 정치 갈등의 회피 및 대결보다 화합의 강조도 포함된다. 전통적 차원의 기둥 쪽에 가까운 사회들은 종교, 절대 기준, 전통적 가치 등을 강조한다. 대규모 가정을 선호하고, 이혼을 거부하고, 인공 유산, 안락사, 자살 등에 생명 중시의 입장을 취한다. 이들 사회는 개인의 성취보다 사회 순응을 강조하고 노골적인 정치 갈등보다는 의견 합치를 선호하며, 권위에의 복종을 강조하고 높은 수준의 민족 자부심과 민족적 전망을 갖고 있다.

이에 비해 세속적/합리적 가치를 가진 사회들은 위의 문제들에 정반대의 입장을 취한다. 생존 가치를 강조하는 사회들은 주관적 복지의 수준이 비교적 낮고 국민 보건 상태가 열악하며 개인간 신뢰도가 떨어진다. 또 외부 그룹에 배타적이고 젠더 평등에 무관심하며 물질적 가치를 강조할 뿐 아니라, 과학자 기술을 맹신하고, 환경 운동을 배척하며 권위주의적 정부를 숭상한다. 자기표현 가치를 숭상하는 사회는 이런 모든 문제에 대하여 정반대 입장을 취한다.

한 사회가 생존 가치를 강조하느냐 아니면 자기표현 가치를 강조하느냐는 중요한 객관적 결과를 가져온다. 자기표현 가치를 중시하는 사회는 생존 가치를 중시하는 사회보다 안정된 민주 체계를 확립할 가능성이 더 많다.

헌팅턴은 문명충돌론에서 중요한 사실은 문화이며, 종교간의 차이를 적절하게 다루어야 한다는 것을 인정한다. 헌팅턴에 의하면, 세계정치는 문화와 문명의 패션에 따라 재편되고 있다고 말한다. 여기서 가장 전파력이 크며 가장 중요하고 위험한 갈등은 사회적 계급이다. 그런데 이 갈등은 오히려 표면적으로 경제적으로 정의되는 집단 사이에 나타나지 않고 상이한 문화적 배경에 속하는 사람들 사이에서 나타날 것이라고 본다.[5]

그는 앞으로의 탈냉전의 세계에서 문화는 분열과 통합의 양면으로 위력을 발휘할 것으로 본다. 유럽연합처럼 문화적으로 비슷한 나라들은 경제적, 정치적으로 서로 협력을 꾀할 것이며, 탈냉전 세계정치의 중심축은 힘과 문화의 차원에서 전개되는 서구문명과 비서구문명의 상호작용이라는 양상으로 나타날 것이다.[6]

종국적으로 헌팅턴이 주장하는 문화다원주의의 이면에는 서구적인 것, 그것도 미국적인 것이 승리할 것이라는 전제 속에서 행동해야 한다는 메시지가 담겨있다. 그것은 여전히 서양과 그 나머지 세계라는 구분이다. 다시 말해서 그는 동양과 서양이 아니라 서양과 나머지라고 부르

는 것이 수많은 비서구사회의 존재를 암시한다고 보는 것이다. 사이드
가 『오리엔탈리즘』에서 "유럽 문화는 일종의 대리적 혹은 비밀스런 자
아로서의 동양과 대치되게 하여 자신의 위치를 정함으로써 힘과 정체
성을 얻는다"[7]고 주장한 것과 일맥상통하는 것이다.

헌팅턴의 문명충돌론의 가장 큰 문제점은 인간의 역사의 생기를 불
어넣었던 수많은 역사의 흐름을 모두 단절시키고 지난 수세기 동안의
문명 상호간의 교류를 부정하는 것이다.[8] 기독교 문명과 이슬람 문명의
관계는 문명충돌론자들이 주장하는 것처럼 단지 대립적인 갈등관계로
지속된 것은 아니다. 오히려 이 두 문화 간에는 다양한 역사들의 상호
의존성과 그 당시 사회들의 상호작용이 흐르고 있음이 분명히 드러난
다. 두 문화의 소통이 이루어지지 않는 이유는 다른 문명에 대한 무지
와 그에 뒤따르는 두려움과 편견 때문이다.

인류가 공존공영하기 위해서는 최소한의 윤리와 가치에 관한 규정이
확립되어야 한다. 진실과 정의라는 최소한의 윤리적 개념들은 두터운
윤리들 안에 담겨있으며 그 두터운 윤리들과 분리되어 존재하지 않는
다. 한편으로 살인, 사기, 고문, 억압, 독재에 반대하는 부정적 규칙 등
의 최소한의 윤리도 존재한다.

최소한의 윤리는 다양하고 상이한 문화들이 그 차이성과 다원성을
유지하면서도 공유할 수 있는 공동의 가치, 규범에 대한 중첩적 합의가
가능하도록 요구해야 한다.[9] 도덕적 최소주의는 인간의 생명과 자유에
관련된 최소한의 기초적인 보편적 도덕 기준으로서, 이는 예컨대 정의
로운 전쟁론과 국제사회에서의 민족자결 문제 등에 적용될 수 있다. 도
덕성은 최소한의 보편적 규범을 갖는데, 이것은 살인, 사기, 그리고 극
심한 잔인성, 전쟁에 대한 금지이며, 또한 최소한의 공정성과 상호성이
다. 이러한 최소한의 기준은 최소한의 도덕(thin morality)이고, 한 사회
에 역사적 특수성을 포함하는 구체적인 도덕은 두터운 도덕(thick

morality)이다.10)

이제 닫힌 민족주의나 종교적 근본주의를 넘어선 보편적 진리내지 윤리적 가치가 함의하는 내용을 밝혀야한다. 만약 국가 간 기독교 근본주의와 이슬람 근본주의의 마찰이 생긴다면, 어느 한쪽의 종교를 인정하는 차원에서 쉽게 끝나지는 않는다. 왜냐하면 두 종교는 서로 강력한 유일신 사상을 전제하고 있고, 어느 한쪽을 인정한다는 것은 자신의 종교를 버리고 다른 종교로 귀의하거나 자기 종교를 포기하는 것을 의미할 수도 있기 때문이다. 그러므로 이러한 마찰은 쉽게 결말이 날 수 없다.

모든 사람은 세속적인 권력이나 국가들로부터 자유와 정의에 관련된 숭고한 행동표준을 기대할 권리가 있으며, 만일 이러한 표준들이 교묘하게 또는 우연히 침해된다면, 이에 대항하여 용기 있게 검증하고 투쟁해야 할 것이다. 거대 국가가 강력한 경제력을 동원하여 물리적 압박을 가해 표면적으로 어느 나라를 정복한다고 할지라도, 자기들이 대부분 오랫동안 믿어왔던 종교에서 다른 종교를 인정하기는 쉽지 않다. 따라서 우리가 이슬람근본주의를 비판한다면, 보편성의 원리에 따라 유대교나 기독교와 근본주의도 비판해야 마땅하다.11) 이것이 차이와 차별을 구별하는 길이 될 것이다.

2. 개인과 공동체의 조화

철학과 가치관의 주제들 중 고전적인 가치를 지니는 주요문제들 중 하나가 '자유주의와 공동체주의'라고 할 때, 이 문제는 세계화와 아시아적 가치의 논쟁과 맞물리면서 정보시대라는 맥락 속에서 인간적 공동체를 모색하는 시도로 이어져 왔다. 일반적으로 자유주의(Liberalism)와 공동체주의(Communitarianism)간의 논전은 그 각각의 입장이 핵심

주장으로 내세우고 있는 개인권과 공동선을 관건개념으로 하여 담론이
전개된다.

대체로 자유주의자들은 근세 이래 현대에 이르기까지 이성적 논변을
통해 정당화 논리를 전개하고 있으며, 보편주의적(universalistic) 귀결을
겨냥하고 있다. 이에 비해서 공동체주의자들은 역사적 논의나 맥락적
해명을 통하여 논의를 전개하고 있으며 시대와 상황에 맞는 특수주의
적(particularistic) 귀결에 이르고자 한다. 이 같은 논의의 고전적 대변자
로서 자유주의·보편주의·이성주의 쪽은 칸트(I. Kant)를, 공동체주
의·특수주의·역사주의 쪽에는 헤겔(F. Hegel)을 들 수 있다.

최근 칸트를 계승하는 자유주의 입장에 있어서 일련의 설득력 있는
철학적 논변들은 일종의 절차주의적 형태를 띠고 있다. 이에 비해서 공
동체주의자들은 인간 공동체에 있어서 이상의 보편적 원칙을 도출하기
위한 절차주의적 기획에 대해 지극히 회의적이다. 그래서 공동체주의자
들이 옹호하는 대안은 현실적으로 가용한 상이한 정치형태들을 검토하
는 역사적이고 맥락주의적인 접근법이며, 이를 바탕으로 이상적 형태를
구상하는 최소한의 사변을 허용하고자 한다. 그런데 이상과 같은 자유
주의자들의 절차주의적, 보편주의적 방식이나 공동체주의자들의 역사
주의적, 특수주의적 접근방식은 각각 장단점을 동시에 지닌다.

자유주의와 공동체주의간의 실질적 내용에 대한 논쟁 역시 두 가지
차원에서 접근할 수 있는데 그 하나는 논리적·개념적 접근이며 또 다
른 하나는 현실적·역사적 접근이라고 할 수 있다. 논리적이고 개념적
인 차원에서 자유주의와 공동체주의간의 논쟁에 접근할 경우 그것은
가능한 한 이원적이고 대립적인 구도에서 두 입장간의 대조점과 차이
점을 드러냄으로써 논점의 핵심이 밝혀지게 된다. 그러나 이 논쟁이 현
실적, 역사적 차원에서 전개될 경우 이는 변증법적(Dialectic) 구도에서
이해될 수 있고 발전적이고 보완적인 맥락에서 나타날 수 있다.[12]

　동서양을 막론하고 개인이 공동체의 성원으로서 어떤 방식으로 자기 가치를 실현함과 동시에 공동체와 유의미한 관계를 맺고 사느냐의 문제는, 인류 공동의 관심사로서 철학과 윤리의 대주제였다고 할 수 있다. 근세 초기에 중세의 전체론적이고 집단론적 공동체주의에 대한 반정립으로서 원자론적이고 개체론적인 고전적 자유주의가 나타났다. 그런데 이 같은 계몽적 기획(Enlightenment Project)에 대해 공동체주의적 도전과 저항이 생겨났는데 헤겔이나 마르크스의 경우이다.

　나아가 공동체성을 강하게 내세우는 공산주의나 사회주의적 자극으로 인해 자유주의는 자유지상적인 고전적 자유주의로부터 다소 꽤도수정을 하여, 복지국가의 이론적 배경으로서 평등주의적 성향의 자유주의로 발전하게 된다. 따라서 역사적 맥락에 있어서 자유주의와 공동체주의간의 논쟁은 양자간의 갈등과 보완을 통해 보다 공동체주의적인 자유주의로 발전해 가는 양상을 띠게 되는 것이다.

　이처럼 전통사회의 극단적 연고주의의 폐해로부터 해방되기 위해 다른 극단으로 치닫던 초기의 자유주의는 그 지나친 추상성으로 인해 많은 반동적 반응들을 초래했으나, 자유주의가 이룩한 역사적 성과 또한 평가절하 되어서는 안 될 것이라 생각한다. 그것은 공동체나 공동선을 명분으로 매몰, 유린되어온 개인의 발견과 그러한 개인으로서 인간의 존엄성을 확보하기 위해 수호되어야 할 개인의 자유와 권리의 문제이다. 이는 다시 어떠한 형태의 공동체주의를 수용한다 할지라도 결코 희생되거나 포기될 수 없는, 근세적 체험을 통해 쟁취한 고귀한 인간적 가치가 아닐 수 없다.

　한편 윤리학과 정치철학에 있어서 ‘공동체’라는 용어는 단순한 결사체보다는 질적으로 훨씬 친밀한 개인들 사이의 관계 형태를 일컫는다. 공동체 개념은 최소한 두 가지 요소를 지니는데, 첫째는 공동체에 속한 개인들은 그 집단의 구성원들에 의해서 간주되는 공동의 목적들을 가지고 있다는 점이고 둘째는 개인들이 자신의 동일성을 감지하는 중요한 구성요소로서 집단을 이해한다는 점이다.[13] 따라서 공동체는 상호 의무감, 정서적 유대, 공동의 이해관계와 공유된 이해력을 바탕으로 한 사회적 관계망을 그 핵심으로 한다. 구성원들은 자신의 안전과 개인적인 정체성 그리고 기본적인 도덕적 가치들을 위해 옹호한 친근감, 지역성 그리고 종교적 믿음에 기초해 있다. 이처럼 작지만 친밀한 공동체는 더 큰 사회의 개인적, 경제적, 정치적 질서를 중재하는 기능을 해 왔다.

따라서 공동체는 한편으로는 자유 실현의 토대이기도 하지만, 다른 한편으로는 사회 구성원의 인격과 권리를 심각하게 침해할 수 있는 구조적 특성을 가지고 있다. 그렇기 때문에 자유주의는 국가와 같은 공동체의 억압으로부터 개인의 권리를 보호하는 것을 일차적 목적으로 설정한다.

그런데 이러한 공동체주의에 대하여 두 가지 오해가 가능하다. 첫째, 공동체주의를 개인과 공동체를 대립적인 것으로 이해하는 '집단주의'로 파악하는 것이다. 공동체주의는 자유롭고 평등한 권리보다는 공동선에 더 큰 비중을 두는 까닭에 흔히 자유주의적 입장과 대립되는 것으로 이해된다. 그러나 공동체주의는 결코 개인의 권리와 자유를 경시하지 않으며 단지 극단적인 개인화가 오히려 자유의 가능성을 파괴할 수 있다는 점을 경계할 뿐이다.

둘째, 공동체주의를 자유주의를 대체하는 이념으로서 이해하는 것이다. 그러나 무엇보다도 평등한 자유와 권리는 공동체의 정의를 판단할 수 있는 일반적 원리이며 규범적 척도가 되므로 공동체주의의 관심은 공동체와 자유주의의 기초적 가치를 결합시킬 수 있는 제도에 집중된다. 따라서 공동체주의가 지향하는 덕성과 가치들은 자유주의적 기본 가치들을 대체하기보다는 보완한다[14]고 볼 수 있다.

따라서 자유주의의 이러한 주장에 대한 공동체주의의 비판도 만만치

않다. 첫째로는 현대사회가 아무리 분화되었다고 하더라도 개인은 자유
주의 이론이 추정하는 것처럼 사회로부터 고립된 존재가 아니라는 주장
이 그것이고, 둘째로는 개인의 도덕적 특성인 자율의 원리만으로는 사회
관계의 도덕적 질서, 즉 공동체적 연대를 창출할 수 없다는 논리이다.

이 두 가지 주장들은 결국, '개인화로 야기된 현대사회의 도덕적·사
회적 병리현상들은 과연 자유주의적 개인주의의 논리로 극복될 수 있
는가?'의 문제로 집약된다. 공동체주의는 사회적 질서의 해체까지 가져
올 수 있는 이러한 현상들이 사회적으로 공유된 공동의 가치 없이는 극
복될 수 없다고 주장한다.

자유주의는 각 개인들이 모든 사회적 구속과 공동체적 가치로부터
분리되고 어떠한 관습과 전통도 가지고 있지 않으며 오직 사적 자의만
을 구비하고 있다고 파악한다.[15) 그러나 공동체주의는 자유주의가 이
해하는 것처럼, 사회가 개인들의 단순한 집합이 아니라고 단언한다. 개
인들이 아무리 자신의 삶을 자율적으로 영위한다고 할지라도 그들이
사회 속에서 살아가는 한, 그들은 자신들을 서로 결합시키는 사회관계,
권력의 망, 의미의 공동체에 예속되어 있다. 따라서 개인에게 정체성을
부여하고 다른 사람들과 하나의 공동체를 만드는데 결정적으로 기여하
는 것은 개인들의 우연적 신념과 가치들임을 역설한다.

그러므로 공동체가 우리의 개인적 이상과 자아를 자유롭게 실현할
수 있는 사회적 토대라는 사실을 인정하지 않을 수 없다. 만약 우리의
공동체가 붕괴한다면, 개인의 정체성을 심각하게 훼손할 수 있는 도덕
적 진공 지대가 발생한다. 개인이 자신의 삶을 자유롭게 영위하기 위해
서도 '도덕적 질서'로서의 공동체는 유지되어야 한다. 만약 공동체가
자유롭고 평등한 개인들 상호간의 연대를 창출하지 못한다면, 개인은
자유를 실현할 수 있는 가능성을 처음부터 박탈당할 수 있기 때문이
다.[16)

이처럼 1980년대 이후 독특한 논점을 제시하고 있는 공동체주의는 자유주의의 확장에 반대하고 있으며 몇 가지 공통점을 지니고 있다. 첫째, 고립된 자아 및 자유의 성립을 부정하고 그것들을 공동체와의 연관성 내에서 파악하고자 한다. 둘째, 개인적인 권리보다 공동체적인 선이 앞선다고 주장한다. 셋째, 추상적이고 의무론적인 윤리 체계를 거부하고 덕 또는 개인적인 품성에 근거하는 목적론적인 윤리 체계를 갖고 있다. 이러한 논점에 따라 공동체주의자들은 특정한 공동체 안에서 성장한 개인들은 그 공동체의 가치를 인정하고 있으며 그 공동체가 목표로 하는 덕목을 준수해야 한다는 점을 논의의 출발점과 핵심으로 삼고 있다.

자유주의 정치이념은 자유주의 정치학과 결합된 원칙들―자유, 인내, 개인권, 구조적 민주주의와 법률의 원칙―을 산출하였다. 자유주의자들은 정치구조가 개인들의 관심에 공헌함으로써 정당화된다고 믿는다. 개인들의 그러한 관심은 사회와 정치이념으로부터 분리되어 이해될 수 있는 것들이다. 그들은 문화, 공동체, 국가들이 고유한 목적을 지녔다는 관점과 사회정치적 조직체는 인간 본성에 적합하도록 변형되어야 한다는 두 가지 관점을 모두 거부한다.[17]

그런데 이러한 자유주의의 관점을 비판적으로 보는 공동체주의의 시각이 있다. 공동체주의는 사회가 단순한 법적 관계를 넘어선 도덕적 질서라는 점에서 출발한다. 사회의 구성원들이 개인들 상호간의 관계를 규제하는 법을 준수할 뿐만 아니라 특정한 윤리적 가치를 공유할 때 사회적 통합은 비로소 올바로 이루어질 수 있다는 것이다. 공동체는 계약관계 라기 보다는 도덕을 생산하는 관계의 조직망이다. 그러나 사회는 개인들 상호간의 도덕적 유대관계를 조성하는 공동체를 해체하는 방향으로 발전해 왔다. 개인들이 이처럼 역사적·문화적으로 형성된 사회관계로부터 분리되면서 자신들의 자유공간을 점차 넓혀 가는 '개인화'의 과정을 가진다. 공동체주의는 이러한 개인화의 도전에 대한 철학적

응답이다.

이와 같은 자유주의와 공동체주의간의 논쟁을 바라보는 오늘날 우리의 이해방식은 서로 무시하기 어려운 두 가지 도덕적 직관 내지 신념간의 갈등으로 다가온다. 그 중 하나의 직관은 근세적 체험을 통해 발견되었고 자유주의를 중심으로 한 근대적 기획이 그 보전책을 지속적으로 추구하고 있는 바 개인권(individual rights)이라는 가치이다.

다른 하나의 도덕적 직관은 단지 개인으로서가 아니라 공동의 삶 속에서 비로소 인간이 되고 인간으로서의 의미와 보람을 찾게 된다는 공동선(common good)이라는 가치이며 이는 또한 그것이 없을 경우 깊은 인간적 상실감과 소외감을 느낀다는 공동체주의적 요구의 원천이다. 따라서 우리의 과제는 우리가 공유하고 있는 이 두 가지 도덕적 직관 내지 신념을 정합적으로 통합시키는 방도를 찾는 일이 아닐 수 없는 것이다.18)

이러한 새로운 가치체계에의 요구는 냉전의 종식에 따른 문화적 종교적 다원화의 시대의 도래와 함께 한 문명 간의 충돌 또는 공존이라는 21세기의 패러다임을 그 원인으로 하고 있다. 또한 과학기술, 특히 생명공학의 발전은 인간에 대한 우리의 전통적 이해와 이와 연결된 윤리적 가치에 혁명적이라고 까지 할 수 있는 변혁을 요구하고 있기 때문이다.

한편 신자유주의적 세계시장질서에 정통성과 정당성을 부여하는 세계화가 오늘날의 세계를 지배하는 가치체계라는 주장도 있다. 그러나 세계화 현상은 그것이 본격화되기도 전에 세계 도처에서 커다란 저항에 부딪치고 있다. 근대의 역사가 자유·평등·연대성의 프랑스 혁명의 세 가지 이념의 끊임없는 상호작용 속에서 진전되어 왔다고 볼 때, 세계화 현상의 대두와 함께 그 균형은 점차 깨어져 지금의 역사는 이 세 가지 이념 중 하나의 가치(자유)만을 신격화하고 있다.

미국의 사회문명 비평가인 제레미 리프킨(J. Rifkin)은 그의 저서 『소유의 종말(The age of Access)』에서 우리시대의 현주소를 다음과 같이 갈파한다. 소유중심의 자본주의 시대에서는 물건을 사고 파는 것이 우선이었지만, 이제는 온갖 유형의 상업 네트워크가 인간생활을 거미줄처럼 에워싸고 있으며 그 네트워크에 접속하는 일이 관건이라는 것이다. 시장은 네트워크에 자리를 내주고 판매자와 구매자는 공급자와 사용자로 바뀐다. 예전에는 '판매자와 구매자'가 시장의 주역이었다면 이제는 '공급자와 사용자'가 시장의 주역이라는 것이다.

이 같은 자본주의의 새로운 단계인 접속의 시대는 우리의 삶과 문화를 고갈시킨다. 왜냐하면 이 시대에는 모든 인간 경험의 상품화가 가속화되기 때문이다. 인간의 삶에 의미를 주는 공동의 경험은 미디어 시장에서 상업적으로 개조되고, 공동체가 공유해 온 문화가 네트워크 경제에서 자꾸만 파편화된 유료경험으로 쪼개지면서, 접속에의 권리도 자연히 상업적 영역의 품으로 이동한다. 따라서 에리히 프롬이 '소유냐 존재냐'를 다그쳤듯이 이제는 '접속이냐 존재냐'를 깊이 고민해야 할 시점이라는 것이다.

21세기를 맞이하며 우리는 공동체 개념의 거대한 변화를 본다. 혈연·지연·문화·경제 공동체로서의 의미는 약해지고 그러한 경계를 넘어 개인의 관심에 따라 이합집산하는 수많은 공동체가 형성되고 있는 것이다. 현실공간에서든 가상공간에서든 인간은 혼자의 힘으로는 살아남을 수 없는 성격을 지녔기 때문이다. 따라서 세계화와 정보화가 급속히 진행되고 있는 21세기에 있어서도 인간회복과 새로운 공동체 가치관의 정립은 더욱 시급한 과제라고 하겠다.

Ⅱ. 자연과 인간의 공존

1. 자연의 일부, 인간

실제적 산업화를 이룩한 17세기의 과학혁명은 주로 갈릴레이, 데카르트, 뉴턴에 의해 주도되었으며, 당시에 형성된 기계론적 세계관은 정신과 물질을 확연히 독립된 영역으로 구분하고 물질적인 세계는 하나의 기계로 이해한 것이었다. 자연이란 절대적으로 자연의 섭리, 즉 기계적인 법칙에 따라 움직이고 있기 때문에, 물질적인 환경에 속하는 것은 무엇이든지 그를 구성하는 작은 부품의 움직임과 그들의 인과적인 연결만 정확히 관찰하여 기술하면 이해가 가능하다고 보았다. 이러한 사고방식은 결국 환원주의로 고착되었고 자연을 지배와 정복의 대상으로 보는 반생태적 자연관을 낳았다. 서양사상의 양분법적 사고체계로 인한 현대의 인간성 상실과 인간 소외, 공동체의 붕괴, 그리고 자연 착취로 인한 생태계 위기 문제가 도래하였다.

또한 세계적으로 환경오염이 심각해져 생태계가 파괴되어 가면서 기상이변과 전지구적 위기의식이 고조되고 있다. 이러한 현실 앞에서 환경보호와 생태계 보존을 위한 담론들이 생겨나 자연을 하나의 유기적 생명체로 보아야 한다는 각성이 높아지고 있다. 지금은 인간을 위한 윤리가 아닌 자연을 위한 윤리가 필요한 시기이다.

인류의 전 역사를 통해 자연에 대한 논의는 끊임없는 주제가 되어왔다. 이것은 세계를 파악하고자 하는 철학적 작업의 가장 근원적인 물음과 관련되기 때문이다. 철학적 세계관은 B.C. 6세기경에 당시 그리스의

식민지였던 소아시아의 이오니아 반도에 있는 항구도시 밀레토스로부터 시작되었다. 그들은 '만물의 근원이 무엇인가?'라는 문제를 제기한 후 운동하는 물질적 존재에서 그 해답을 찾았다. 이 소박한 해답은 만물의 근원이 신이라는 전통적 종교적 세계관으로부터의 탈출이었으며 그들이 주장한 내용은 원초적인 자연발생적인 유물론이었다.

특히 근대 자연과학과 철학은 기계론적이고 이원론적인 존재론의 길을 확고히 하였으며 이에 대한 철학의 비판 작업도 끊임없이 역사 속에서 이어졌는데 이러한 비판의 핵심적인 주제는 일원론적이거나 유기체적인 세계관이었다. 서양 고대 철학의 토양이 온화한 지중해성 기후와 비옥한 토지에서 비롯되었기 때문에 서양에서의 자연은 철학적 인식의 대상이었다. 따라서 남성적 의식과 비인격적 자연 사이에 근본적인 이원론을 보여주는 것은 그리스 철학이었다.

특히 주목할 것은 철학의 선조라 알려진 소크라테스나 플라톤의 이분적 논리이다. 육체는 자연물이므로 사람이 죽게 되면 썩어 없어지지만 정신은 육체를 벗어나 어딘가에 영원히 소멸되지 않고 존재한다는 정신과 육체를 분리하여 사고하는 방식이다. 플라톤의 경우, 물질적인 존재가 아니라 정신적·관념적 존재로서의 이데아(Idea)가 진정한 존재이고 물질적 존재는 이데아의 모사, 또는 그림자에 불과한 것이었다. 그의 이데아론은 인간의 의식으로부터 독립한 관념적 존재가 있어서 이것만이 참다운 실재라고 하는 전형적인 객관적 관념론이다. 따라서 가시적 세계와 육체적인 존재는 의식 아래에 있고 의식의 통제를 받아야 하는 열등한 영역으로 객관화된다.

서구의 이러한 인간과 자연 인식은 그들이 신을 대상화했던 것과 마찬가지로 자연을 대상화하고 도구화하여 현대 문명의 환경파괴와 생태위기에까지 도달하게 되었다. 근대적 세계관의 기반을 이루어 온 자연관에서는 자연은 인간을 위한 이용대상으로서 그 자체는 생명 없는 거친 질료이다. 결국 인간은 자연정복의 권리를 부여받게 되는데 이러한 이원론이 환경문제와 여성문제를 배태하게 하였다.

한편 인간은 자연에서 태어나 이 자연을 떠나서는 잠시도 살아갈 수 없다. 그러나 인간과 자연과의 교섭은 당초에 의도하지 않았던 결과를 가져와 상호 위협을 주고 있다. 무분별한 경제개발은 산업화와 도시화에 의하여 자연환경의 파괴를 초래하여 생태계의 자연스러운 순환은 단절되고 생태권의 재생능력이 무너지기 시작하면서 오늘날에는 지구 종말이라는 용어가 학문의 영역에서 생활용어화 될 정도로 위기의식을 갖게 되었다.

무엇보다도 오늘날의 생태학적 위기는 한 생물과 다른 생물 그리고 모든 생물과 자연환경과의 연대가 무너지기 시작함에 따라 지구 전체의 생명체를 유지하는 자연의 질서원리가 붕괴되고 이 여파는 사회적 존재로서 연대성, 공익성, 보조성의 원리로 유지되는 인간사회질서까지도 파괴하여 공멸의 위기에 처하게 된다.

인간의 삶의 터전인 자연을 파괴하면 인간도 결국에 가서 자멸하고 만다는 것은 부인할 수 없는 사실이다. 이 사실에 우리가 자연을 보호해야만 하는 근본 이유가 있다. 인간이 신탁자로서 — 신만이 사물의 완전한 소유권을 가지며 인간에게는 단지 사물을 사용할 권리만을 위임하였다는 — 지구의 주인이 된 이래 자연환경은 인간중심에서 해석되고 인간의 삶을 위한 수단을 제공하는 원천이 되어왔다.

인간은 생명체 가운데 그 유례를 찾을 수 없을 만큼 대집단을 이루고 자연의 질서를 문란케 하며 자연환경을 파괴하여 왔다. 46억 년이라는 오랜 지구역사를 유지해 왔지만 21세기에 들어서서는 걷잡을 수 없을 만큼의 속도로 자원은 고갈되어 가고 환경은 오염되어 세계 곳곳에서 온난화 현상으로 예측할 수 없는 극심한 자연의 재해가 발생되고 있다.

전세계적인 환경오염의 심각성으로 생태계가 파괴되는 현실 앞에서 환경보호와 생태계 보존을 위한 담론들이 생겨나 자연을 하나의 유기적 생명체로 보아야 한다는 각성이 높아지고 있다. 인간성과 지구환경 파괴에 대한 우려의 첫 목소리는 1972년의 로마클럽의 제1보고서인 『성장의 한계(The Limits to Growth)(국내명: 인류의 위기)』와 1993년의 『첫 번째의 지구혁명』이라는 포괄적인 보고서였다. 환경 문제에 관한 전지구적 노력은 로마클럽 보고서가 나올 때와 거의 같은 시기인 1972년 스톡홀름에서 개최된 UN 세계인간환경회의이다. 이 회의의 텍스트로 작성된 르네 듀보(Rene Dubos)와 바바라 워드(Barlbara Ward)의 공저 『오직 하나뿐인 지구(Only One Earth)』에서는 화석연료의 연소로 방출된 탄산가스가 대기권 상층부에 머물면서 일종의 온실효과를 연출함으로써 지구의 평균온도를 증가시키고 있다는 위기의식이 반영되어 있다.

이후 1973년에 「유엔환경계획」이 수립되고 1987년에는 UN총회가 '생태계의 상호작용이 국제안보의 불가분의 일부'라는 결의까지 하여 자연환경문제는 일부 환경보호단체 차원을 넘어 국제문제로 부상하게 되었다. 이와 같은 국제적인 노력에도 불구하고 많은 생물이 멸종할 만큼 오염되거나 파괴되어가고 있는 가운데 지난 1992년에는 6월3일부터 14일까지 브라질 리우데자네이로에서 금세기 최대 규모인 185여 개국의 정상들이 참석한 가운데 유엔환경개발회의(UNCED)가 개최되었고, 건전하며 무리 없는 개발을 기치로 내걸어 '지구를 살리자(Save the Earth)'는 자연보존과 환경보전을 위한 국제협약과 실천과제를 조인·협의한 바 있다.

이러한 문제의식을 가지고 1990년에 열린 청소년 정상회담을 기점으로 하여 UN은 8차례에 걸친 정상회담을 개최하여 환경문제, 인권문제, 여성문제 등 광범위한 영역에 걸쳐 새로운 패러다임의 필요성을 확인하고 그 대안을 모색하였다. 또한 수많은 국제기관과 위원회들이 새로운 가치체계의 제시와 정립을 위해 시안들을 제시하였다.

1993년 세계종교회의(The Parliament of the World Religions)는 "보편윤리를 향한 선언문"(Declaration towards Global Ethics)을 채택하였고 1995년에는 지구관리위원회(The Commission on Global Governance)와 문화와 발전 세계위원회(The World Commission on Culture & Development)가 지구윤리(Global Ethics)의 필요성을 주장하였으며 1997년에는 30여 개국 전직 정부수반으로 구성된 국제행동위원회(InterAction Council)에서 "인간의무에 관한 보편선언"(Universal Declaration of Human Responsibilities)을 공표하고 UN과 UNSCO에 그의 채택을 요구하였다.

이러한 일련의 노력과 제안에 깔려있는 공통된 인식과 같이 환경의 파괴는 인간에게 피할 수 없는 숙명이 되었으며, 이제 우리의 사고방식과 행동양식을 수정하지 않고서는 이 문제를 해결할 수 없다.

진정한 인간의 본질은 세계 개방성에 있다. 그러나 현재의 환경파괴를 초래한 인간중심주의는 인간이 인간만을 위하고 자신만을 목적으로 하고 사물을 수단시한 과오를 범한 데서 시작되었다고 하여도 과언이 아니다. 그러므로 쉘러(M. Scheller)가 『우주에 있어서의 인간의 지위(Die Stellung des Menschen im Kosmos, Francke)』(1966)에서 간파하였듯이, 인간의 세계 개방적 본질은 자연과 세계 속에서의 인간의 위치를 개방적 안목으로 자각하고, 그에 따라 인간이 자연을 초월하는 방향으로 나아가는 진정한 의미의 인간중심주의라고 하겠다.

이러한 인간 중심주의는 인류 역사의 90% 기간을 차지하는 수렵채취시대에 인간의 삶이 거의 전적으로 자연계를 구성하는 생물에 대한 정보의 축적에 의존할 수밖에 없었고 따라서 인간의 두뇌가 생물중심적인 세상에 적합하도록 진화되었다는 주장을 편 윌슨(E. Wilson)의 주장과 상통하는 면이 있다. 1975년 『사회생물학』을 발표해 20세기 생물학의 한 분야를 개척한 에드워드 윌슨(E. Wilson)은 21세기의 자연 생태계의 위협에 직면하여, 만약 우리가 생물 다양성의 훼손을 방치한다면 인류의 본원적 '인간성(humanity)'이 점점 더 빈약해 질 것으로 전망한다. 왜냐하면 오랜 진화의 과정을 거치는 동안 우리 인간은 물질적·정신적으로 자연과 아주 깊은 연관을 맺게 되었기 때문에 건강한 자연과 함께 할 때에만 비로소 참된 인간성의 구현이 가능하다는 것이다.

셸러나 윌슨의 주장에서 볼 수 있는 것처럼 21세기 생태위기의 문제는—물론 이제까지의 많은 죄과를 지니고는 있지만—인본주의 가치관으로의 복원을 요구한다. 그리고 이것은 편협한 것이 아니라 세계 개방적인 것이다. 또한 이것은 이제까지의 인류가 자기 찾기를 무수히 거듭했지만 실패해 왔던 인류 정신사의 궤적에서 하나의 큰 전환점, 패러다임의 변화가 따를 것이다.

2. 인간과 동물의 화해

인간이 생태계를 보존해야 하는 것과 마찬가지로, 인간은 생명을 지닌 다른 종과의 관계에도 관심을 기울여 공존의 길을 모색해야 한다. 먼저 인간이 동물보다 우월한 존재라는 대안적 기초논리가 있는지 살펴보자. 두 가지 가능성이 있는데, 이는 적절한 차이가 경험적으로 발견될 수 있는 것인지 아닌지의 두 가지이다. 많은 사람들은 모든 인간은 영혼을 가졌으나 동물은 그렇지 않다고 믿는다. 그러나 이 관점은 방어하기 매우 힘들다. 상식적으로 생각해 볼 때, 영혼이란 본질적으로 의식과 정신활동의 능력을 지닌 비육체적인 주체이기 때문이다. 만약 영혼이 의식의 주체라면 우리는 동물이 영혼을 지닌 것을 마지못해 시인해야 하든지 아니면 좀 이상하지만 그들은 마치 자동장치와 같은 것이라고 결론을 내려야만 한다.

영혼에 관한 이 양자택일적 개념은 영혼이 인간의 육체에 인간의 인격 능력을 불어넣는 '구성의 원리'라고 생각하는 것이다. 이 개념에 의하면 마치 동상의 모양이 동상의 재질로부터 분리되지 않는 것처럼, 영혼 또한 몸으로부터 분리되지 않는다는 것을 뜻한다. 그러나 만약 영혼의 본질이 그의 신체가 구성하는 능력 안에서 나타난다면, 심각하게 성장이 지체된 사람은 '이성적 영혼'을 가지지 못한다고 결론을 내려야한다. 이런 논리로 보면 인간과 다른 동물들 사이에 뿌리 깊은 차이점은 없게 된다.

영혼에 관한 다른 개념들은 '같지 않음'에 의해 정의되는 경향이 있다. 예를 들면, 영혼은 신체도 아니고 의식도 아니며 이 두 가지의 본질적 결합도 아니라는 것이다. 모든 인간과 모든 동물들 사이의 도덕적으로 중요한 차이점이 있는데, 그것은 설명할 수 없는 것이 아니며 타고난 문제라는 것을 생각해보는 것은 필수적이다. 왜냐하면 심리학적으로는 획일적인 차이점이 없으며 자연적 특성상의 차이점은 육체적일 가능성이 있기 때문이다. 그렇다면 인간이라는 종이 다른 종들과 어떻게 구별되는가?

인간은 공통의 유전자를 가지고 있는 점에서 다른 종들과 육체적으로 구별된다. 전체적인 유전자의 구조가 종들의 특성을 결정한다. 사실상 이 기준들은 계통적이며 부모의 유전적 산물로서의 인간의 특징을 결정하게 된다. 아마도 이 방법이 인간을 다른 종들과 구별 짓는 가장 좋은 방법이 될 수 있을 것이다. 그러나 인간 종에 있어서 이러한 기준이 도덕적으로 중요하다는 가정을 거부하는 결정적인 이유가 존재한다. 유전자형(gynotype) 자체의 모습이 어떤가하는 것이 매우 불명료한 점과 표현형(phenotype)의 실체가 독립적이라는 점이 도덕적으로 아주 중요하다.[19]

그리고 인간과 인간의 가장 가까운 친척이라 할 수 있는 침팬지 사이의 유전적 차이점은 아주 적은 비율의 차이 밖에 없다. 인간과 침팬지는 98.4%의 유전자를 공유한다. 대부분의 경우에서 유전자형에서 1.6%의 차이가 표현형에서 풍부하고도 중요한 차이점을 드러낸다. 그러나 이러한 차이점은 우리가 보아왔듯이 심리학적인 자질일 뿐이고 '모든' 인간을 다른 동물로부터 구분 짓는 요소는 아니다.

유전자형이 그 자체로 도덕적으로 무관한 것이라는 것을 올바르게 인식하기 위하여 다른 종들로부터 유전자를 조합하는 기술에 의해 가능한 여러 가지 경우들을 살펴보자. 과학자들은 하나의 인간 유전자를 돼지접합체의 세포핵 속으로 투입하여 '유전자변형' 돼지들을 만들어 내었다. 그들의 목적은 파괴적 면역반응을 유발시키지 않고 인간에게 이식할 수 있는 간을 가진 돼지를 만드는 것이었다. 즉 각각의 세포마다 인간의 유전자 하나씩을 가진 돼지를 만들어 낸 것이었는데, 이것과 똑 같이 하면 하나, 두 개, 세 개, 또는 그 이상의 인간 유전자를 지닌 침팬지를 만드는 것도 가능해 진다.

이 가능성들의 결과를 상상해 보자. 첫 번째 결과는 한 개의 인간 유전자를 지닌 침팬지이다. 다음으로는 두 개의 인간 유전자를 가진 유전자 변형 침팬지이다. 그리고 계속가면 침팬지들은 침팬지 유전자를 하나씩 덜 가지게 될 것이고 침팬지들은 인간 유전자를 하나씩 더 가지게 될 것이다. 인간과 침팬지 사이의 중복 부분이 커지면 부분적으로는 인간이고 부분적으로는 침팬지인 개체가 출현하게 될 것이고, 더 나아가 인간과 침팬지의 특성들의 기괴한 결합체가 나올 수도 있다.

이 광범위한 결과들의 요점은 이러한 결과들이 지속되면 모든 개체들의 도덕적 지위는 얼마나 많이 또는 어떤 비율로 인간 유전자를 가졌는지, 또는 인간으로부터 온 유전자가 몇 퍼센트인지에 따라 결정될 것이라는 것이다. 오히려 각각의 개체들의 도덕적 지위가 그들 각각의 특성들, 특별히 심리학적 특성들에 의해 결정되는 것으로 보인다.

예를 들면 두 가지의 유전자 변형 개체가 가능한데 이것을 비교해 보자. 하나는 뇌의 발달과 발전은 원래 침팬지 접합체로부터 온 것인데도, 그 개체의 99.9%의 유전자가 인간으로부터 온 경우이다. 만약 종을 판가름하는 것이 유전자에 의한 것이라면 그의 정신적 능력이 침팬지 것이라고 하더라도, 이 개체는 아마도 인간일 것이다. 두 번째 개체는 그 개체의 유전자의 99.9%가 침팬지로부터 온 것이지만 그 유전자의 두뇌발달은 인간 자원으로부터 온 것이다. 이것은 아마도 인간 지능을 가진 침팬지일 것이다. 만약 도덕적 지위가 종을 판가름하는 기준이 된다면 침팬지의 정신을 지닌 개체는 인간의 정신을 지닌 개체보다 더 높은 지위를 차지할 수 있다. 이것은 매우 가역적인 문제이다.

그러나 대부분의 사람들은 종으로서의 인간의 멤버십이 도덕적으로 중대한 문제라는 데에 강력한 신념을 갖고 있다. 따라서 심각하게 발달이 지체된 인간일지라도 그가 지닌 본능적 특성이 아닌 그가 지닌 우리(인간)와의 관계성에 의해서, 우리는 그가 특별한 도덕적 지위를 갖고 있다고 생각한다.

예컨대 우리는 다른 아이들보다 우리 각각의 자녀들에게 더 의무감을 가지는데, 그것은 우리 자녀가 다른 아이들보다 본능적으로 더 가치가 있어서 그런 것이 아니라, 단순하게 우리가 그들을 생산했기 때문에 그런 것이다. 똑같은 논리로 보면 우리는 뛰어난 능력을 지닌 동물보다 발달 지체의 인간에게 더 많은 의무감을 가지는데, 그것은 단순하게 우리가 모두 인간이라는 것, 다른 말로 하면 같은 종에 속한다는 데에서 연유하는 것이다.

인간 종으로서의 멤버십을 공유하는 것이 도덕적으로 중요한 관련이 있는가? 그 관계는 단순히 생물학과 유전학의 문제이며 그래서 지금은 대부분의 사람들이 편견의 원천으로서 거부하는 같은 인종 간의 멤버

십과도 유사하다. 그러나 논의의 전개를 위하여 인간 종의 멤버십은 특별한 관계임을 가정해 보자. 그러면 그것이 심각한 발달지체 인간과 비슷한 수준의 동물을 대하는 우리 태도의 차이를 정당화할 수 있을 만큼 중요한가?

하지만 오늘날의 진화론은 인간만이 도덕적 행위능력을 갖고 있다는 생각에 의문을 제기한다. 그렇다고 해서 동물들이 도덕적 행위능력을 지녔음을 증명하지도 못한다.[20] 다시 말하면 인간에게 고유한 도덕성을 동물도 갖추고 있음을 분명히 보여주지는 못하고 있다. 하지만 도덕성을 가졌는가의 여부는 동물들을 도덕적 배려의 대상으로 해야 하는지의 여부와 무관하다. 설령 도덕성을 갖추지 못했다고 할지라도 그들은 여전히 도덕적 고려의 대상일 수 있기 때문이다.

Ⅲ. 미래사회 전망

1. 경계와 차별을 넘어서

21세기의 최대난점인 인간성 몰락과 공동체 문제, 그리고 생태계 파괴의 문제는 이미 20세기 말에 대두된 문제였다. 데카르트적 이성의 부정적 업적에 대한 서양학자들의 우려는 소외와 지배와 환경파괴에 대한 교훈으로부터 시작된다. 일찍이 호르크하이머(Max Horkheimer)와 아도르노(Theodor Adornor)는 1944년에 '인간의 해방을 목표로 한 계몽의 자기파괴'를 말한 바 있다. 그들은 "진보적 사상의 가장 일반적 의미에서 계몽은 사람을 공포로부터 해방하고 그들의 주권을 확립하고자 했으나 완전히 계몽된 지구는 양양한 재난으로 빛나고 있다"고 갈파했다.

푸코(Michael Foucault)가 초기부터 이성이 인간현실의 단순화와 사회적 통제의 도구임을 밝히려 했다면, 데리다(Jacque Derrida)는 이성은 물론 모든 언어적 표상 아래에 숨어있는 영원한 부재와 공허를 지적하는 것을 그의 철학적 노작의 초점으로 삼았다. 나아가 <도덕적 발전과 자아의 정체성>이란 글에 나타난 사회적 이성에 대한 하버마스의 관심은, 무엇보다도 조화된 사회의 구성에 필요한 이성, 즉, 인간 생존의 여러 규범적 차원과 도덕적 차원에 기초를 부여할 수 있는 이성을 찾으려는 데 있다고 할 수 있다. 이것은 사회에서의 상호작용, 즉 자신의 욕구를 인지하고 다른 사람과의 관계에서 그것을 실현하고 수정하고 또 그러한 과정을 통해서 사회의 일반적 구조를 반성적으로 내면화함으로써 이루어지는 것이다.

이러한 성숙의 과정에서 중요한 것은 '인식적 자아(epistemic ego)의 결정'이 아니라 '사회적 상호작용에서 형성되는 능력' 또는 '상호작용의 능력(interactive competence)'이다. 다시 말해서 인식에 관계되는 이성이 아니라 사회생활의 이성인 것이다. 하버마스는 1968년에 <이데올로기로서의 기술과 과학>이라는 글에서 인간과 인간 사이의 의사소통의 파괴와 비극을 시정하는 길만이 오늘의 기술문명의 비인간화 현상을 해결할 수 있는 길이라고 주장하면서, 서양의 현대 문명사회가 과학기술의 합리성과 도구성을 토대로 자연을 정복·착취·파괴하고, 급기야 인간과 사회를 지배·억압·파괴하는 비인간적이고 억압적인 기술문명으로 변질했음을 탄식하였다.

이러한 현 문명에 대한 비판의 시각은 가부장적 자본주의와 진보, 근대화라는 서구 문명의 논리에 그 초점을 맞추어 가고 있다. 가부장제의 출현은 여성과 자연을 함께 평가절하 하는 이원론적 이데올로기와 맥을 같이 한다. 그런데 가부장적 이원론의 뿌리와 그 전개과정을 보면

보다 고차적인 질서와 그에 상반되는 저급한 여성과 자연성과의 상관
관계가 바빌론 사상으로부터 히브리사상, 나아가 그리스사상으로 옮겨
감에 따라 극적으로 변화한다.

가부장적 자본주의는 경제논리로 생활의 본질적 부분들을 도외시하
였고 자연을 오염시켰으며, 물질적 가치로 환원될 수 없는 많은 정신적
가치들을 축출하였다. 그리고 이러한 근대 문명에 대한 비판 위에는 항
상 힘의 그늘에서 억압받고 착취된 자연생태계와 여성이 존재한다. 데
일리(Lois K. Daly)는 생태학적 여성해방신학의 여성에 대한 억압과 자
연에 대한 억압 사이의 상호연관성에 관하여 가부장적 이원론에 근거
하여 설명한다.21)

서구의 피폐화를 초래한 가부장적 상황에서 자연을 배제하는 신개념
과 종교적 사고체계는 정신/육체, 영/자연, 남성/여성이라는 이원론을
형성하였다는 반성이 일어나면서 이에 대한 비판적 대안으로 지구에
근거한 영성과 상호연관성 및 인간과 자연의 분리를 부정하는 논리들
을 전개해 왔는데, 이것이 에코페미니즘(Ecofeminism)이다. 자연과 여성
은 문명과 남성이라는 힘의 구도 하에서 자신이 가진 모든 것을 다 내
어주고도, 열등성과 미개성이라는 오명에서 벗어나지 못하고 있는 것이
다. 이 같이 자연생태계와 여성은 같은 입장에 놓여있다.

따라서 여성해방과 자연생태계 해방이라는 동일목적을 위하여 새로
운 세계를 만들려는 운동이 일어났는데 생태학적 여성해방주의가 그것
이다. 여성해방주의(Feminism)는 처음부터 남성과 여성의 관계 뿐 아니
라 인간과 자연의 관계 개선 및 회복에 많은 관심을 가져왔다. 특별히
1960년대 말에서 1970년대 초에 형성된 여성신학(Feminist Theology)에
이르러서는, 신인(神人)관계를 여성해방적인 안목으로 재해석함으로써,
남성중심적이고 가부장적인 하나님이 '남성우월, 여성열등'이라는 지배
구조를 낳았고, 그 결과 여성멸시와 연결되는 자연멸시마저 정당화되었

음을 신학적 주제로 삼아왔다. 그런 과정 속에서 창조주/인간/자연의 관계를 상호대립 및 주종관계가 아닌, 상생적·총체적·상호적 관계로 보는 생태학적 전망이 조성되었고, 그것이 환경문제가 큰 위기감으로 대두된 80년대에 들어와서는 '생태학적 여성해방신학(Ecofeminist Theology)'이라는 뚜렷한 개념으로 자리 잡게 되었다

이 생태학적 여성해방주의는 정신과 물체의 이원론을 주장한 데카르트의 근대적 자연관의 비판적 극복을 제창한다. 서양철학의 기계론적 자연관은 원자적인 물질로 된 자연을 상정하고 있는데, 이러한 자연은 무가치적이고 무목적적이다. 또한 자연이라는 전체는 각 부분의 산술적인 합에 지나지 않게 되어, 전체와 부분 사이에는 기계적인 관계밖에 존재하지 않게 된다. 이러한 자연관에서 자연과 인간과의 관계는 정신과 물질이라는 이원론이 전제되어, 인간은 사유하는 주체가 되고 자연은 그 대상이 된다. 이는 인간이 자연에 독립적으로 존재하며 자연에 의존하지 않아도 되는 관계를 의미한다. 반면에 사유하는 주체인 인간은 자연에 개입하여 자연을 조작할 수 있는 지위를 지닌 것으로 이해된다.

에코페미니즘은 여성에 대한 남성의 지배를 가부장적 문화의 산물이라고 해석하는 급진적·문화적 페미니즘과, 근본적으로 인간의 자연관과 세계관을 전환시켜야 한다고 주장하는 근본생태론이 결합된 페미니즘이다. 여성과 자연에 대한 지배는 모두 가부장적 남성주의의 산물이므로 여성과 남성, 자연과 문화 등 모든 이원론을 거부하고, 모든 생명체의 영성이 중시되는 평등하고 유기적인 문화를 추구한다.

에코페미니즘은 여성운동, 평화운동, 환경운동 등 1970년대 말에서 1980년대 초반까지의 다양한 사회운동에서 성장해 나왔다. 에코페미니즘이란 용어는 프랑스 작가 프랑소와즈 드본느가 1974년 자신의 책(La Feminisme ou la Mort)에서 처음으로 사용하였다. 그 후 되풀이되는 환경재앙으로 환경재앙에 반대하는 수많은 항의와 운동을 통하여 널리

확산되었다.

또한 이 용어는 스리마일섬에서의 원자로 노심 용해를 계기로 수많은 미국여성들이 1980년 3월 애머스트에서 열린 최초의 에코 페미니스트 회의, 즉, <Woman and Life on Earth: Ecofeminism in 1980's>라는 협회를 조직하면서 채택되었다. 어느 곳에서든 환경파괴나 핵 전멸 위협에 대해 반대활동을 할 때 여성들은 여성과 이민족, 자연에 대한 가부장적 폭력 사이에 연관성이 있음을 깨닫고, 이 가부장제에 도전하는 것이 미래 세대와 자연에 충실한 것임을 인식하게 되었다. 생명공학·유전공학과 생식기술의 새로운 발전으로 인해, 여성들은 과학과 기술이 성차별적이고 과학의 전체적인 페러다임 자체가 가부장적인 것이며, 자연과 여성의 생산력을 박탈하는 것임을 깨닫게 되었다.

이같이 에코페미니즘은 1970년대 후반 여성운동, 환경운동, 평화운동의 교차점에서 출현했다. 이는 핵에너지와 핵무기에 대한 반대운동에 일익을 담당하면서 1980년대 초반 반핵운동과 연계되어 정치적 성향으로 발전했다. 정치적 경향으로서 에코페미니즘은 1960년대 후반과 70년대 초의 급진적 여성해방운동의 영향을 받았고, 인간과 자연의 관계에 대한 성적 배열의 함의를 탐구함으로써 양성간 관계에 대한 비판으로 확장시켰다.[22]

에코페미니즘은 오늘의 위기의 근원을 상호관계성을 거부하고 지배·복종의 관계를 산출하는 이원론으로 인한 모든 관계들의 상호성 박탈에 둔다. 이러한 이원론적 사고는 인간뿐만 아니라 자연 역시 대상화하거나 적대시하며, 인간은 주체, 자연은 객체로 인식함으로써 지구와 자연을 억압·관리·지배한다. 그러나 지금은 분리·지배·차별 같은 남성원리를 상호관계와 조화 지향의 여성적 힘으로 대치해야 하는 시대이다. 그러므로 생태계 전체의 균형과 상호관계를 추구하는 생태학적 철학과 생명의 균형과 상호관계의 회복을 지향하는 여성해방론이 같은 맥락을 띤다는 것이 에코페미니즘의 요지이다.

에코페미니스트들은 환경정치학이 여성에게 특별히 친화력이 있으며 성차의 정의와 착취, 그리고 자연환경의 파괴 사이에 연관이 있음을 주장한다. 여성과 자연의 이러한 연관을 이론적으로 규명하기 위해서는 환경정치에 대한 여성의 친화력에 대한 근거와, 성차에 대한 생물학적·사회적 요인 사이의 관계를 밝혀야 한다. 이러한 근거는 여성이 자연과 동일한 피해자라는 점을 강조함으로써 아니면 여성적 자질과 생태학적 원리가 가지는 친화성을 적극적으로 강조함으로써 구성되고 있다. 이러한 에코페미니즘은 영성지향운동으로 규정되기도 한다.

이처럼 에코페미니즘은 자연과 인간의 경계, 인간과 인간의 경계를 넘어서려는 사상적 사조이며 행동규범이다. 21세기 가치관이 차별과 경계를 넘어서는 것을 요구하는 것이 사실이라면 이 사상과 운동에서 하나의 모범적 모형을 찾아낼 수 있을 것이다.

2. 보편윤리의 모색

18세기에는 자기를 이해하는 데 있어서 급격한 타자성(otherness)의 상관관계를 인정한 데 반해, 19세기와 20세기는 근대 서구의 정신성에 대한 일체의 도전을 인정하지 않았다. 그런데 21세기에 들어선 오늘날, 오히려 18세기의 태도가 더 타당성이 있어 보인다. 19세기와 20세기의 배타성에 비해, 18세기의 개방성은 21세기에 있을 문명 간 대화의 가능성을 더 높여 주고 있는 것이다.

아직까지는 상상의 공동체에 불과한 '지구촌'이라는 개념은 차이, 차별화, 노골적인 변별 등을 상징하고 있다. 경제적 세계화가 결과의 평등 혹은 기회의 평등을 가져올 것이라는 희망은 지극히 단순한 생각이다.

이러한 사상의 흐름에 맞서는 포스트모더니즘의 도전도 아주 거세다. 아무튼 환경에 대한 인식, 페미니스트 감수성, 종교 다원주의, 공동체 윤리 등은 자연의 중심성과 인간 반성(human reflexivity)의 영성(靈性)을 강력히 반영한 것이다.

21세기를 맞이하며 우리는 이미 공동체의 소멸이 아닌 공동체 개념의 거대한 변화를 본다. 따라서 혈연·지연·문화·경제 공동체로서의 의미는 약해지고, 그러한 경계를 넘어 개인의 관심에 따라 이합집산하는 수많은 공동체가 형성되고 있는 것이다. 현실공간에서든 가상공간에서든 인간은 혼자의 힘으로는 살아남을 수 없는 성격을 지녔기 때문이다. 따라서 세계화와 정보화가 급속히 진행되고 있는 21세기에 있어서도 인간회복과 새로운 공동체 가치관의 정립은 더욱 시급한 과제라고 하겠다.

지구 공동체라는 관점에서 적극적으로 생각해 나가는 가운데 인간 조건에 대한 지구적 관점을 시급히 확립해야 한다. 프랑스 대혁명이 내건 계몽주의 가치(자유, 평등, 박애) 중에서 박애(fraternity) - 공동체를 작동시키는 힘 - 는 근대 정치이론가들의 관심을 별로 끌지 못했다. 하지만 정치·윤리의 관점에서 볼 때, 세계의 국가 가족들은 자기이익의 수사법을 극복하고 상호의존의 사해동포 정신을 되찾기 위해 꾸준히 노력할 필요가 있다. 이익을 추구하는 공동체로의 이행은 가족이라는 혈연공동체까지도 이익공동체로 환원해 버렸고 가족도 해체되는 와중에 있다.

이러한 배경에서 1997년 초에 출범한 유네스코 보편윤리사업(The UNESCO Universal Ethics Project)에서는 1999년 10월 "21세기 윤리를 위한 공동의 틀"(A Common Framework for the Ethics of the 21st Century)이라는 보고서를 성과물로 내놓게 되었다. 300여 명 이상의 윤리학자, 신학자, 사회과학자 및 자연과학자들이 약 3년간 유럽, 아시

아, 아프리카 등지에서 7차례에 걸쳐 국제회의를 갖고 공동의 합의를
도출한 결과물로서의 이 보편윤리의 최종보고서는 인류가 당면하고 있
는 문제 상황이 보편윤리로 향한 탐구를 요구한다는 점에 동의한 결과
였다.

이에 있어 핵심적 과제 중의 하나는 문화적 다원체제 안에서 보편성
의 이해와 관련된 문제로서 다원성과 상대성을 인정하고 수용하여 포
괄성을 지향하는 시도들을 함축하고 있다. 특히 서양의 유교학자(Tu
Wei-ming, Karl Heriz Pohl)들은 유교전통에서의 보다 포괄적인 보편개
념을 최근 부각시키고 있다. 요언하면 이 보편윤리의 초안의 지향점은
'개인의 자아실현을 위해 공동체적 틀의 중요성을 강조하는 공동체적
인본주의 윤리'라고 할 수 있겠다.

따라서 유네스코의 <보편윤리>의 기본정신과 같이 인간 중심의 전
통윤리를 창조적으로 발전시킴으로써, 합리적 사유체제의 과학기술문
명이 산출해낸 인간의 소외현상 등을 어느 정도 치유할 수 있을 것이
다. 또한 동양의 전통적 자연관은 자연을 정복의 대상으로 여기는 서구
적 자연의 개념을, 우리가 함께 있어야 하는 대상으로서의 자연이라는
개념으로 환원시켜 놓을 수 있을 것이다. 동양사상에 뿌리 박혀있는 인
간 존중의 사상은 물질위주의 과학기술이 야기 시키는 미래의 문제들
을 대처하는데 있어서 재평가되고 재활용되어야 할 귀중한 정신적 가
치이다. 따라서 21세기의 사회를 인간 중심의 사회로 만들기 위해서는
우리의 소중한 문화전통인 인본주의를 잘 접목해야 할 것이다.

과학과 기술의 발달 방향은 사회의 구성원들의 가치관에 의해 결정
되고 그것은 다시 구성원들의 가치관을 결정한다. 따라서 올바른 가치
관의 형성은 사회의 건전성을 유지한다. 따라서 지구공동체 가치관의
모색은 불가분성(indivisibility)과 공공성(publicness)을 그 특징으로 하며
자연, 환경을 위시한 공동선을 전 인류를 한 축으로 하여 다양한 사람

들이 공유하고 향유할 수 있는 가치들이어야 할 것이다.

18세기의 인도주의자이자 자유주의자 헤르더는 자유와 인본성 추구라는 목표를 가지고 민족의 문화적 단결을 강조하면서, 모든 개별 민족을 포괄하는 보편적 공동체의 가능성을 시사하고 있다.23) 그는 다양성과 단일성의 문제를 상당히 역설적으로 풀어낸다. 즉, 전 인류의 동포애라는 단일성은 각 민족의 문화민족주의의 확립을 통하여 오히려 가능하다는 것이다.

한마디로 헤르더는 문화적 측면에서 개별성과 보편성의 점진적인 합일을 시도하고 있는 것이다. 헤르더의 궁극적 목표도 세계 평화인 바, 이를 향한 국제적 단일성 개념은 본질적으로 다양한 민족의 존재를 내포하는 것이며, 따라서 다원적 민족 체계의 각 개별양상에서 드러나는 공동 이익, 요구목적 등을 인식하고 있음도 분명하다.24)

한편 칸트는 시민법과 국제법의 보완을 위해 세계시민법 개념을 제시하였다. 이는 국가의 무력 정복을 자행하고 국가간의 법질서를 인정하지 않으며, 폭력 행사나 전쟁 도발의 가능성이 다분하던 민족들을 민족 상호간의 개별 이익을 통하여 연합시키자는 것이다. 여기서 세계시민권은 인류의 보편적 우호 관계에 한정되는 것으로, 박애가 아니라 권리, 즉, 한 이방인이 타국에서 이방인이라는 이유 하나로 적대시되지 않을 수 있는 권리를 의미한다. 이 권리는 모든 인간이 지구 자체에 대한 공동 소유권을 가지고 함께 더불어 살고 교류할 수 있는 자연법적 권리이다.

세계시민법의 개념은 결코 공상적이거나 과장된 것이 아니라고 칸트는 역설한다. 한마디로 공화적 입헌 질서를 확립한 다양한 민족국가의 주권, 자유, 그리고 다양한 이해의 존중에서 연합된 인류의 보편적 우호 관계라는 칸트의 세계시민법 개념에서 탈근대 지구화 시대로의 새로운 지평을 엿볼 수 있다. 역사적으로 실현 불가능하게 이상적인 주장으로 여겨져 왔으나, 현재 유럽 연합(EU)의 국제 조직 개선 논의는 바로 여기에 개념적 근거를 두고 있는 것이다. 즉, 유럽 연합 내에서 유럽인들은 민족개념을 그대로 보유한 상태에서 적극적 유럽 시민권을 행사할 수 있게 된다.[25)]

또한 종교는 진정한 인간의 본질과 참 행복의 추구를 가장 큰 가치이념으로 한다. 지구상에는 다양한 종교가 혼재하고 있지만 그 궁극적 관심은 유한성과 생물적 욕구라는 인간의 본질적 문제로부터 궁극적이고 완전한 것을 추구하고자 하는 인간의 희구이다. 그것을 각 종교는 나름대로의 가치체계에 의하여 다양하게 설명하고 있지만 그 근원적 본질은 하나일 따름이다.

열린 시대에는 모든 종류의 민족적, 문화적, 지역적, 전통적 차이에서 유래하는 다양한 가치와 값의 양식의 인정과 존중이 요구된다. 하나의 가치에 의한 전 인류의 획일적 동질화가 아니라, 다양한 가치와 존재 양식, 이질적 문화와 언어의 공존에서 인류의 공동삶이 위태롭게 되지 않을 정도의 원칙과 기준 설정이 이 시대의 중요한 목표로서 우리에게 보다 현장감 있게 다가온다.

타민족, 국가, 지역, 종교, 문화에의 존중과 그들의 신념과 삶에의 관용이 존재하는 곳에 세계화 시대의 시민 정신이 거론될 수 있다. 따라서 개인, 민족, 국가의 새로운 정체성 인식과 문화 창달, 전통의 보존과 발전 등을 위한 세계적 차원의 협의체도 필요하게 된다. 여기서 보편 공동체에서 요구되는 이른바 세계시민권 개념은 각 개별 국가의 시민권과 각 지역 공동체의 주민권을 대치하지 않고, 개인은 다차원적인 시민권을 통하여 인류의 보편성을 구현해 나가자는 것이다.[26)]

21세기 국제사회의 열려 가는 과정은 특정 민족의 자기 정체성과 문화적, 도덕적 가치의 절대화와 특권 요구에의 제한이며, 다른 민족과 인류의 존재 가치의 승인과 그들을 위한 도덕적 책임감 또는 보편적 정의

감을 지니며, 인류 보편적 가치와 그 구현의 저해 요인에 대한 분석이 우선적으로 있어야 한다. 세계화 시대의 보편화된 가치인 민주주의가 민족주의와 바로 여기서 만나게 된다. 프랑스대혁명으로 극적인 결합을 이루었으나 이후 역사의 흐름에서 비극적으로 결별해야 했던 자유주의 가 민주주의로 거듭나 이제 새로운 모습으로 민족주의와 함께 21세기 열린사회를 형성해가게 될 것이다.

3. 한국의 가치관 재정립

쟈크 아탈리는 세계화가 계속 진행된다면, 시장 자체가 새로운 종류의 제국이 될 것이라고 전망한다. 세계적인 초극대제국으로서의 이 제국(시장)은 노마드적이며, 어떤 한 국가의 요구나 봉사에서 벗어나 별도의 군대를 갖고 사법 시스템이나 제도를 갖추고서, 세계적 차원의 자본주의에 도달하게 될 것이라는 것이다. 국가들은 지나가는 대상행렬을 끌어들이기 위해 경쟁하는 오아시스로 전락할 것이며, 국가 안에는 몸이 너무 약하거나 혹은 너무 젊거나 늙었거나 너무 가난하여 노마드(유목민)가 될 수 없는 사람들만 살게 될 것이라는 것이 아탈리의 전망이다.[27]

이후 시장에 대항해서 두 종류의 노마드제국이 나타날 것이다. 하나는 이슬람을 중심으로, 다른 하나는 민주주의를 중심으로 생겨나는데, 정착민적이고, 지역적이며, 방책을 쌓아놓은 제국들이 이런 세계화를 피하려 할 것이다. 따라서 내일의 세계는 민주주의적인 동시에 종교적이면서 상업적인 곳이 될 것이다. 이 세계는 노마드적이면서 동시에 정착민적이다. 시장도 이슬람제국도 세계를 지배하는 데 실패하고 분열될 것이다.

민주주의적 세계화는 정착기 동안에는 노마드적 덕목(고집, 환대, 용기, 기억)을 실천하기 어려울 것이며, 노마드 기간 동안에는 정착민적 덕목(주의, 경계, 저축)을 실현하기 어려울 것이다. 이러한 것들은 기술을 통해서만 진행되는 게 아니라 원시부족들의 생활양식에서 영감을 얻은 새로운 생활양식의 재발명을 통해 진행될 것이다. 또한, 도시와 정치 세계에서는 새로운 문화와 노동구성, 세계 정부와 트랜스휴먼적인 －정착민적이면서 동시에 노마드적인－민주주의가 요구될 것이라는 것이 그의 미래사회 전망이다.[28]

아탈리의 미래 전망은 다가올 미래사회의 변화 자체가 그 유효성의 여부를 실증해 줄 것이다. 하지만 미래사회는 격변하게 될 것이며, 이 속에서 우리는 새로운 사고와 행동의 패러다임의 변화가 요구될 것임을 피할 수 없다.

21세기의 인류는 가족공동체 붕괴, 민족·인종·종교·정치적 이데올로기의 차이로 인한 폭력 등 심각한 문제와, 수천 년간 지켜온 전통적 가치관이 와해되는 위기의 시대에 직면해 있다. 오늘날 인간은 과학기술과 자본에 의해 철저하게 소외되고 있다. 1990년대 사회주의의 몰락과 함께 기술과 자본에 바탕한 자본주의 독주의 문명으로 인해, 근본주의(Fundamentalism), 네오막시즘(Neo-Marxism), 해방신학(Theology of Liberation) 등은 발전과 거대함이라는 자본사회의 장점이 바로 단점이며 나아가 치명적 취약점일 수 있다는 반론들을 제기하였다.

이와 함께 주목할 점은 비록 현대사회가 동서진영의 갈등이라는 20세기의 과제를 어느 정도 해소했다고 치더라도, 고대로부터 꾸준히 시도되어 온 인간의 자기 찾기는 아직 자리매김 되지 않았다는 것이다. 자연 속에 매몰되었던 인간은 다시금 문명과 기술 속에 매몰되어 가고 있다. 원시시대에는 인간 자신이 자연 속에 함몰되었다는 것을 인식하지 못했듯이, 현대 산업사회에서의 인간도 자신이 물질 속에 함몰되어 있다는 것을 자각하지 못하는 무지에 빠져있다.

전술한 바와 같이 과학기술의 발달이 가져온 이러한 상황들은 오늘날 세계가 전체로서 직면하고 있는 현실이다. 이러한 현실은 한국도 세계와 공유하고 있다. 그러나 그 사상적 바탕이 다르기 때문에 이러한 문제들을 대처하는 방법도 다를 수밖에 없을 것이다. 왜냐하면 한국의 현대사회는 근본적으로 전통 사회가 서구문명의 타율적 유입에 의해 와해되면서 성립된 사회이기 때문이다. 한국사회는 20세기에 들어오면서 급속히 변하기 시작했으나, 과학과 기술과 관련해서는 1960년대 초반부터 변화가 가속화되었다고 볼 수 있다.

서구에서는 200여 년에 걸쳐 서서히 이루어진 사회적 변화가 한국에서는 단지 40여 년 만에 발생했다. 이에 반해 한국인의 전통적 가치관과 의식은 과학기술의 발전에 따라오지 못했다. 따라서 21세기 한국의 가치관 정립을 위해서는 가치체계의 변용, 즉 재상징화가 요구된다. 기본적으로 인문문화적인 측면을 강하게 지니고 있었던 한국의 전통사회는 과학적 사고를 바탕으로 한 서구문명의 영향을 받아서 다양한 가치관이 혼란스럽게 섞여 있어서 여러 면에서 갈등을 겪고 있다. 이제 세계가 직면하고 있는 환경오염이나 인간 소외 등의 문제들은 어떤 점에서는 현대 한국사회가 보다 겪고 있는 문제들이기도 하다.

1999년 발간된 후쿠야마의 『대붕괴 신질서(The Great Disruption)』는 정보화 시대로 규정할 수 있는 21세기에서 새로운 가치관의 모색에 관한 고민을 담고 있다. 그는 이 책에서 농업사회에서 산업사회로, 산업사회에서 정보사회로 이전하며 기존의 가치관들이 붕괴해 온 각국의 역사적 현실을 풍부한 통계수치를 들어 설명하면서 '사회적 자본'에 주목하고 있다. "한 사회가 공유한 가치의 집합"을 지칭하는 '사회적 자본'은 부를 생산하는 자본이며 범죄와 사회적 혼란의 증가, 사회적 결합의 원천인 가족의 몰락, 신뢰도 감소 등 선진국들의 '대붕괴'는 곧 사회적 자본의 감소이며 기존 사회질서의 해체를 의미하는 것이라고 한다. 이에 대한 해결책으로 그는 인간 본성에 대한 믿음을 제시한다.

인류역사를 돌이켜 볼 때 동서양을 막론하고 고대 이래로 중세까지는 하늘(天)중심의 사고방식이 중요한 가치관이었다. 절대자를 신봉하고 자연을 숭배하며 형이상학적인 가치를 존중하는 생활양식이 존중되었다. 그러나 종교개혁과 근대의식의 형성으로 하늘(天)중심에서 땅(地)중심의 가치관으로 급속히 변천하였다. 신의 존재가 부정되기 시작하고, 자연과학이 발달하면서, 물질중심의 가치관이 우세하게 되었다. 유물론을 중심으로 하는 공산주의와 자본 중심의 자본주의의 대립은 공히 물질주의라는 공통적인 기반을 가지고 있다.

인류사를 변증법적으로 고찰해 볼 때, 신중심에서 물질 중심으로 이행해 온 것이 이제까지의 역사라면, 다가오는 21세기에는 물질 중심에서 인간 중심으로 그 축이 이동되어야 한다고 생각된다. 인간이 곧 역사의 주인이기 때문이다. 그런 의미에서 21세기는 인간의 존엄성과 가치가 우선적으로 고려되는 사회가 되어야 할 것이며 이는 우리 전통문화의 인본주의 성격과 상통할 것으로 보인다.

한국사회에는 다양한 종교가 공존하고 있다. 다시 말하면 한국사회 안에는 문화적, 전통적 뿌리가 다른 다양한 종교들이 공존하고 있는 것이다. 그러나 이러한 종교문화의 풍요로움 속에서 지극히 복합적인 종교문화의 긴장이 우리 사회 안에서 야기되고 있다. 우리 문화는 인종적·언어적 단일성과 운명공동체적 역사경험을 공유하고 있지만, 각 종교들은 그러한 단일성과 역사적 경험의 공유에 선행하는 자기 고유의 우주관, 생사관과 선악관을 주장하고 또 경험한다.

이같은 사실 때문에 다원사회의 맥락에서 우리가 현재 경험하는 종교다원현상은 그것이 지극히 복합적으로 구조화되어 있어 매우 복잡한 상황을 빚고 있다. 무속을 비롯한 민속신앙들, 유교, 도교, 불교, 기독교, 이른바 신종교, 그리고 여타의 외래종교들의 역사적 문화적 혼재는 그러한 종교다원현상의 실제를 갈등과 경쟁, 상호간의 변용, 각 종교의 자기정체성의 위기, 대화를 위한 공존양식의 모색 등으로 나타난다.

한국의 종교이념은 홍익인간의 정신으로부터 시작하여 몇 가지 기본적인 사상적 맥락을 이어왔는데 그것은 바로 절대가치의 추구와 그로부터 도출된 인간과 생명 있는 모든 것의 존엄성, 그리고 끊임없는 현세의 이상사회 추구를 위한 노력이다.

이 절대 가치의 추구는 때로는 유학의 천명이나 태극으로, 불교의 각(覺)으로 표현되기도 하였고, 인간과 생명 있는 것들에 관한 관심은 한국유학의 인심도심설과 인물성동이론이라는 매우 독특한 학문논쟁으로 발전하기도 하였고 동학의 인내천사상으로 계승되기도 하였다. 현세적 이상사회의 추구 또한 천명사상에 근거하여 도덕군주론으로 전개되고 후천개벽론 등으로 발전되기도 하였다.

한편 자본주의사회는 이윤의 극대화를 추구하므로 그 과정에서 인간을 목적이 아닌 도구나 수단으로 생각하거나 심지어 인간 자체를 물질적 가치로 환산하여 생각하기까지도 한다. 이것을 물신주의(Fetishism) 또는 인간상실이라 부르기도 하는데 이러한 문제를 극복하려면 물질과는 비교할 수 없는 인간의 고귀한 가치를 상기해야 한다.

타인을 목적이 아닌 이용가치나 수단으로 생각하다 보면 자기 자신에 대하여도 똑같은 저울로 달아보게 된다. 경제적·사회적 실패가 극단적 자살로 막을 내리는 것은 자신의 수단으로서의 가치가 더 이상 없다고 생각하기 때문이다. 따라서 사람이라면 누구나 물질과 자본은 인간의 존엄적 가치보다 낮은 것이라는 것을 잊지 않아야 할 것이며 그렇게 할 때, 사람들은 자신을 포함한 자신의 동류(인류)를 인종, 지위, 성별 고하를 막론하고 존중하게 될 것이다 다음으로 동북아에서의 민족주의의 문제를 들지 않을 수 없다. 물론 유럽에서도 민족주의가 여전히 그 힘을 발휘하고는 있으나, 유럽의 민족주의는 통합으로의 역사적 방향성을 방해하지 않으면서 진행되고 있다. 그러나 여타 세계의 일반적인 경향과는 달리 동북아시아에서는 민족주의가 오히려 바람직하지 않은 방향으로 강조되고 있다. 중국의 동북공정, 일본의 독도 영유권 주장, 고이즈미 일본 수상의 야스쿠니 신차 참배와 극우파 각료의 전진배치, 중국과 일본 간의 조어도 분쟁 등이 한중일 3국간의 교역활성화와 문화 교류와 동시에 진행되고 있어 통합보다는 갈등 쪽으로 치우친 듯한 느낌을 지울 수 없다. 여기에 북한 핵위기로 인하여 지역협력과 통합의 전제조건인 안보불안에 대한 해소가 아직 완전하게 달성되지 않아 협력과 평화 공동체의 이상과는 많은 거리를 두고 있다.

개인, 민족, 계급, 국가 그리고 세계를 상호 배타적으로 인식하여 온 근대적 사고를 넘어서, 이들을 포용적으로 인식해야 하는 것이 탈근대 사고의 핵심이자, 21세기 세계화 시대의 절대적으로 필요한 사상적 근간이다. 따라서 근대의 이념적 기반으로서의 세계주의, 민족주의, 국가주의, 그리고 개인주의까지 동시에 포괄하는 새로운 이념적 대안이 추구되어야 하는 것은 당연한 귀결이다. 20세기 말 세계화 과정에서 진행되고 있는 정치적 다원화도 동시에 다양한 가치에 의미를 부여하고 종합할 수 있는 새로운 이데올로기를 요청하고 있다. 여기서 오늘의 민족주의 이념은 탈근대 사회의 경제적 이해관계를 토대로 하여 이를 극복할 수 있는 새로운 지평을 제시할 수 있어야 하며, 21세기에 부합하는 열린 체제를 발전시켜 나가야 한다.

진정한 인간의 본질은 자신의 본원적 문제를 세계를 향하여 열어 놓는 개방성에 있다. 그러나 현재의 문명위기를 초래한 인간중심주의는 인간이 자신만을 목적으로 하고 타인이나 사물을 수단시한 과오를 범한 데서 시작되었다고 하여도 과언이 아니다. 그러므로 인간은 자연과 세계 속에서의 자신의 위치를 개방적 안목으로 자각하고, 그에 따라 자신의 유한성과 그에 따르는 욕구들을 초월하고 승화하는 방향으로 나아가는 것이 진정한 의미의 행복을 추구하는 기초라고 하겠다.

주)

1) 박이문, 「문화의 상대성과 보편성-문화다원주의」『역사적 전환기의 문화적 재편성』, 철학과 현실사, 2002, 43쪽.
2) 찰스 테일러, 송영배 역, 『불안한 현대사회』, 이학사, 2001, 71~72쪽.
3) 새무엘 헌팅턴, 이희재 역, 『문명의 충돌』, 김영사, 1997, 245쪽.
4) 로널드 잉글하트, 「문화와 민주주의」, 새뮤얼 P. 헌팅턴·로렌스 E. 해리슨 공편, 앞의 책, 147~155쪽.
5) 새무엘 헌팅턴, 앞의 책, 21쪽.
6) 같은 책, 29쪽.
7) 존 맥클라우드, 최인환 옮김, 『탈식민주의의 길잡이』, 한울, 2003, 69쪽.
8) 에드워드 사이드, 성일권 편역, 『도전받는 오리엔탈리즘』, 김영사, 2001, 35쪽.
9) 황경식, 「문화다원주의와 보편윤리의 양립가능성」『보편윤리와 전통문화』, 제15회 한국철학자대회보, 2002, 85쪽.
10) 박정순, 「마이클 왈쩌의 공동체 주의」『자유주의를 넘어서』, 철학과 현실사, 2001, 286쪽.
11) 양해림, 「문화다원주의 시대는 보편적 정치윤리를 요구하는가?」『철학연구』87집, 대한철학회, 2003.8, 242~246쪽.
12) 최문형, 「율곡향약과 공동체문화」 앞의 책, 2004, 232~234쪽.
13) Edward Craig(ed.), *Routledge Encyclopedy of Philosophy*, 2000, p.464.
14) Amy Gutman, "Communitarian Critics of Liberalism", Shlomo Avineri/Avner de-Shalit (eds.), *Communitarianism and Individualism*, N.Y: Oxford University Press, 1992, p.133.
15) 이진우, 「자유의 한계, 그리고 공동체주의」『철학연구』 45, 1999, 52쪽.
16) 같은 논문, 49쪽.
17) Edward Craig(ed.), op. cit., p.486.
18) 황경식, 「왜 '자유주의와 공동체주의'인가? -개인선과 공동권의 갈등과 화합」『철학연구』 45, 1999, 8~9쪽.
19) Jeff McMahan, "Animals", in *A Companion to Applied Ethics*, R. G. Frey & Christopher Heath Wellman (eds.), Blackwell Publishing, 2003, pp.526~528.
20) 김성한, 「동물의 도덕적 지위에 대한 진화론의 함의」『철학연구』98집, 대한철학회, 2006.5, 34~36쪽.
21) Lois K. Daly, "Ecofeminism, Reverence for Life, and Feminist Theological Ethics", *Liberating Life*, New York: orbis, 1990.
22) Epstein, Barbara "Ecofeminism and Grass-roots Environmentalism in the United States" in *Toxic Struggles*, Richard Hofrichter eds, Philadelphia: New Society Publishers, 1993.

23) Carton Hayes, *The Historical Evolution of Modern Nationalism*, 1931, pp.22∼27.

24) 박의경, 「헤르더의 문화민족주의: 열린민족주의를 위한 시론」『한국정치학회 보』 29집 1호, 1995b, 331∼352쪽.

25) Anthony Smith, "National Identity and the Idea of European Unity", *International Affairs*, 20:3, 1992.

26) 박의경, 앞의 책, 229∼233쪽.

27) 쟈크 아탈리, 앞의 책, 424∼426쪽.

28) 같은 책, 480∼504쪽.

참고문헌

단행본(국내)

강상구,『신자유주의의 역사와 진실』, 문화과학사, 2004.

강영안,『자연과 자유사이』, 문예출판사, 1998.

경희대 인류사회재건연구원,『새로운 천년과 인류사회의 재건』, 1998.

고려대학교 민족문화연구소,『현대사회와 전통윤리』, 1985.

고범서,『가치론연구』, 나남, 1992.

고영복 편,『현대사회문제』, 사회문화연구소, 1991.

廣松涉, 김항 옮김,『근대의 초극』, 민음사, 2003.

구도완,『한국환경운동의 사회학』, 문학과 지성사, 1996.

구승회,『에코필로소피』, 샛길, 1995.

구승회·김성국 외,『아나키·환경·공동체』, 모색, 1996.

김광억 외,『종족과 민족』, 아카넷, 대우학술총서 577, 2005.

김교빈,『동양철학은 물질문명의 대안인가』, 웅진출판, 1998.

김균진,『생태계의 위기와 신학』, 대한기독교서회, 1999.

김상득,『생명의료윤리학』, 철학과 현실사, 2000.

김신동,『세방화, 정보화, 그리고 문화충돌』, 정보통신정책연구원, 2004.2.

김용정,『과학과 철학』, 범양사출판부, 1996.

김용준 외,『현대과학과 윤리』, 민음사, 1988.

김용준,『사람의 과학』, 통나무, 1994.

김정흠 외,『첨단과학과 인간』, 一念, 1985.

김태창 편역,『인간·과학·기술·생태주의』, 나남, 1987.

김필년,『동서문명과 자연과학』, 까치, 1992.

김형효 외,『민본주의를 넘어서─동양의 민본사상과 새로운 공동체 모색』, 청계, 2000.

W. 밀스, 정범진 역, 『인종계약』, 아침이슬, 1997.

데이빗 헬드, 조효제 옮김, 『전지구적 전환』, 창작과 비평사, 2004.

도미니크 르쿠르, 권순만 역, 『인간복제논쟁』, 지식의 풍경, 2003.

러셀 스태나드 엮음, 이창회 옮김, 『21세기의 신과 과학 그리고 인간』, 두레, 2002.

로마클럽, 김승환 역, 『인류의 위기』, 삼성문화재단, 1972.

로빈 아트필드, 구승회 역, 『환경윤리학의 제문제』, 따님, 1997.

리프킨, 제레미, 『생명권정치학』, 이정배 역, 대화출판사, 1996.

린튼 콜드웰, 김영운·서남동 역, 『인류의 생존과 도전 : 환경』, 현대사상사, 1974.

머레이 북친, 문순홍 옮김, 『사회 생태론의 철학』, 솔, 1999.

문순홍, 『생태위기와 녹색의 대안』, 나라사랑, 1992.

문시영, 『생명복제에서 생명윤리로』, 대한기독교서회, 2001.

박이문, 『환경철학』, 미다스북스, 2004.

_____, 『문명의 미래와 생태학적 세계관』, 당대, 1998.

박지향, 『일그러진 근대-100년전 영국이 평가한 한국과 일본의 근대성』, 푸른 역사, 2003.

박희병, 『한국의 생태사상』, 돌베개, 1999.

배규환, 『미래사회학』, 나남, 1998.

새무엘 헌팅턴, 이회재 역, 『문명의 충돌』, 김영사, 1997.

새뮤얼 P. 헌팅턴·로렌스 E. 해리슨 공편, 이종인 옮김, 『새뮤얼 헌팅턴의 문화가 중요하다』, 김영사, 2001.

세계환경발전위원회, 조형준·홍성태 역, 『우리 공동의 미래』, 새물결, 1994.

송두율, 『21세기와의 대화』, 한겨레신문사, 1999.

송상용 외, 『생태문제와 인문학적 상상력』, 나남출판, 1999.

C. 험프리·K. 버틀, 양종회·이시재 공역, 『환경사회학』, 사회비평사, 1995.

아산사회복지사업재단, 『21세기의 도전, 동양윤리의 응답』, 창립20주년기념 제9회 사회윤리심포지움, 1998.

안택원외, 『새3천년의 논점과 한국』, 한국정신문화연구원, 1997.

알랭 바디우 지음, 박정태 옮김, 『들뢰즈-존재의 함성』, 이학사, 2001.

야콥 브로노프스키, 우정원 옮김, 『과학과 인간가치』, 이화여자대학교 출판부, 1994.

양명수, 『녹색윤리』, 서광사, 1997.

에드워드 사이드, 성일권 편역, 『도전받는 오리엔탈리즘』, 김영사, 2001.

에드워드 윌슨, 이병훈·박시룡 옮김, 『사회생물학Ⅰ·Ⅱ』, 민음사, 1994.

에드워드 윌슨, 이한음 옮김, 『인간본성에 대하여』, 사이언스 북스, 2001.

엘리엇 소버 지음, 민찬홍 옮김, 『생물학의 철학』, 철학과 현실사, 2004.

오마에 겐이치, 송재용·강진구 옮김, 『The next global stage』, 럭스 미디어, 2006.

유석춘 편, 『막스 베버와 동양사회』, 나남, 1992.

李基東, 『한국의 위기와 선택』, 동인서원, 1997.

21세기위원회, 『2020년의 한국과 세계』, 동아일보사, 1992.

이서행, 『한국, 한국인, 한국정신』, 대광서림, 1984.

이진우 외, 『인간 복제에 관한 철학적 성찰』, 문예출판사, 2004.

이진우, 『녹색사유와 에코토피아』, 문예출판사, 1998.

임지현 엮음, 『근대의 국경, 역사의 변경』, Humanist, 2005.

임희섭·박길성, 『오늘의 한국사회』, 나남, 1994.

자크 아탈리 지음, 이효숙 옮김, 『호모 노마드, 유목하는 인간』, 웅진 지식하우스, 2005.

전경갑·오창호 지음, 『문화적 인간, 인간적 문화』, 푸른사상, 2003.

전석호, 『정보사회론 : 커뮤니케이션 혁명과 뉴미디어』, 나남, 2002.

정병련, 『한국철학의 심층분석』, 전남대 출판부, 1995.

정해창 외, 『가치관의 변동과 도덕성 회복』, 한국정신문화연구원, 1996.

J.J. 클라크 지음, 장세룡 옮김, 『동양은 어떻게 서양을 계몽했는가』, 우물이 있는 집, 2004.

제러미 리프킨, 이희재 옮김, 『소유의 종말』, 민음사, 2001.

조너선 위너, 이용수·홍욱희 옮김, 『100년후 그리고 인간의 선택』, 김영사, 1994.

조르다노 브루노 지음, 강영계 옮김, 『무한자와 우주와 세계』, 한길사, 2000.

조세핀 도노번 지음, 김익두·이월영 옮김, 『페미니즘 이론』, 문예출판사, 1998.

조인래 외, 『현대 과학철학의 문제들』, 아르케, 1999.

존 맥클라우드, 최인환 옮김, 『탈식민주의의 길잡이』, 한울, 2003.

존 베일리스, 스티븐 스미스 편저, 하영선 외 옮김, 『세계정치론』, 을유문화사, 2003.

G.올리비에, 권숙표, 『인류생태학』, 삼성미술문화재단, 1978.

J.브로노프스키, 임경순 옮김, 『과학과 인간의 미래』, 대원사, 1997.

Jeremy Rifkin, 김건·김명자 역, 『엔트로피』, 정음사, 1983.

J.H.스토리, 이일구 역, 『인간생태학』, 전파과학사, 1979.

진교훈, 『환경윤리』, 민음사, 1999.

찰스 테일러, 송영배 역, 『불안한 현대사회』, 이학사, 2001.

첸리푸 지음, 서명석·이우진 옮김, 『동양의 인간과 세계 - 물리에서 인리로』, 철학과 현실사, 2000.

최문형, 『동양에도 신은 있는가』, 백산서당, 2002.

캐롤린 라마자노글루, 김정선 옮김, 『페미니즘, 무엇이 문제인가』, 문예출판사, 1997.

코디 최, 『20세기 문화지형도』, 안그라픽스, 2006.

Klaus Schwab, 장대환 감역, 『21세기 예측』, 매일경제신문사, 1996.

토마스 쿤·포퍼·라카토스 외, 조승옥·김동식 옮김, 『현대 과학철학 논쟁』, 아르케, 2002.

프랜시스 후쿠야마, 한국경제신문국제부 옮김, 『대붕괴 신질서』, 한국경제신문, 2001.

F. 카프라, 이성범·구윤서 옮김, 『새로운 科學과 文明의 轉換』, 범양사출판부, 1985.

Franklin L. Baumer, 『유럽 근현대 지성사』, 현대지성사, 1999.

프리초프 카프라, 이성범·김용정 옮김, 『현대물리학과 동양사상』, 범양사 출판부, 1979.

한국여성연구회, 『여성학 강의』, 동녘, 1999.

한국분석철학회 편, 『철학적 자연주의』, 철학과 현실사, 1995.

한국정신문화연구원, 『한국사회의 구조변화와 그 문화적 함의』, 1996.

한양대학교 과학철학교육위원회 편, 『인문사회계 학생을 위한 과학기술의 철학적 이해』, 한양대학교 출판부, 2004.

H.G.크릴, 李成珪 역, 『孔子 : 인간과 신화』, 지식산업사, 1983.

히라카와 스케히로(平川祐弘), 『마테오 리치 : 동서문명교류의 인문학 서사시』, 동아시아, 2002.

단행본(해외)

Albert Borgmann, *Technology and the Character of Contemporary Life: A Philosophical Inquiry*, The university of Chicago Press, 1984.

Anderson, E. S. *Value in Ethics and Economics*, Cambridge, MA: Harvard University Press, 1993.

Alpern, K. D. (ed.), *The Ethics of Reproduction Technology*, New York: Oxford University Press, 1992.

Attfield, R., *The ethics of environmental concern*, Columbia University Press, New York, 1983.

Avineri, s., and De-Shalit, A. (eds.), *Communitarianism and Individualism*, Oxford Univ. Press, Oxford, 1992.

B. Hettne, A. Inotai & O. Sunkel (eds.), *Globalization and the New Regionalism*, Basingstoke: Macmillan, 1999.

Barbara Ehrenreich & Arlie Russell Hochschild (eds.), *Global Woman: Nannies, Maids, and Sex Workers in the New Economy*, Metropolitan Books; 1st edition, 2003.

Bjorn Lomborg (ed.), *Global Crises, Global Solutions*, Cambridge University Press, 2004.

Bourdieu, P., *Distinction: A Social Critique of the Judgement of Taste*, Cambridge, MA: Harvard University Press, 1984.

Callicot, J. Baird. *Earth's Insight: A Survey of Ecological Ethics from the Mediterranean Basin to the Australian Outback*, Berkeley: University of California Press, 1994.

_____, *In Defense of the Land Ethic: Essays in Environmental Philosophy*, Albany: State Univ. of New York Press, 1989.

Clark, J.J., *Oriental Enlightenment: The Encounter between Asian and Western Thought*, London and New York: Routledge, 1997.

Corea, G., *The Mother Machine: Reproductive Technologies from Artificial Insemination to Artificial Wombs*, New York: Harper, 1985.

Cornelius Luca, *Trading in the Global Currency Markets*, Prentice Hall Press; 2nd edition, 2000.

David A. Hall & Roger A. James, *Thinking through Confucius*, State University of New York, 1987.

David Held, Anthony G. McGrew, *Global Transformations Reader: An Introduction to the Globalization Debate*, Polity Press; 2nd Rev edition, 2003.

David S. Nivison, *The Ways of Confucianism*, Chicago: Open Court, 1996.

Desjardins, J. R., *Enviromental ethics; an introduction to environmental philosophy*, Belmont, CA: Wordsworth, 1993.

Diane Morgan, *The Best Guide to Eastern Philosophy & Religion*, N.Y.; St. Martin's Press, 2001.

Dore Gold, *Tower of Babble : How the United Nations Has Fueled Global Chaos*, Crown Forum, 2004.

Edward Craig (ed.), *Routledge Encyclopedia of Philosophy*, 2000.

Edward Said, *Orientalism*, Vintage Books, 1978.

Edward Wilson, *On Human Nature*, Cambridge, Mass.: Harvard University Press, 1978.

Eno & Robert, *The Confucian Creation of Heaven*, State University of New York, 1990.

Francione, Gay L., *Rain without Thunder: The Ideology of the Animal Rights Movement*, Philadelphia: Temple UP, 1996.

Heiner Roetz, *Confucian Ethics of the axial age*, State University of New York, 1993.

Howard Bloom, *Global Brain: The Evolution of Mass Mind from the Big Bang to the 21st Century*, Wiley; New Ed edition, 2001.

Hsuch-li Cheng (ed.), *New Essays in Chinese Philosophy*, New York: Peter Lang, 1997.

J.A. Robertson, *Children of choice: Freedom and the New Reproductive Technologies*, NJ: Princeton University Press, 1994.

J.M.Kizza, *Social and moral Issues in the Information Age*, New York : Springer-Verlag, 1998.

J.Tunstall, *The Media are American*, London, Constable, 1977.

Jane Morgan, *The Best Guide to Eastern Philosophy & Religion*, N.Y.; St. Martin's Press, 2001.

Jennifer Oldstone & Moore, *Confucianism*, Oxford University Press, 2002.

Johan Norberg, *In Defense of Global Capitalism*, Roger Tanner, Julian Sanchez, Cato Institute, 2003.

John Tomlinson, *Cultural Imperialism*, Baltimore: Johns Hopkins University Press, 1991.

Joseph Needham, *Within the Four Seas*, London; George Allen & Unwin Ltd, 1979.

Karl-Heinz Pohl (ed.), *Chinese Thought in a Global Context-A Dialogue Between Chinese and Western Philosophical Approaches*, Leiden · Boston · Köln: Brill, 1999.

Leonard Shlian, *The Alphabet versus The Goddess*, Viking Penguin, 1998.

Lorraine Code (ed.), *Encyclopedia of Feminist Theories*, NY; Routledge, 2000.

Louis P. Pojman, *Life and Death*, Belmont : Wardworth Publishing Company, 2000.

M.Bayles, *Reproductive Ethics*, Englewood Cliffs, NJ: Pretice-Hall, Inc., 1984.

Miyoshi, M. & H. D. Haratoonian (eds.), *Postmodernism and Japan*, Durham: Duke University Press, 1989.

Mortimer J. Adler, Max Weismann (eds.), *How to think about The Great Ideas*, Chicago and La Salle: Open Court, 2003.

Noam Chomsky, *Hegemony or Survival : America's Quest for Global Dominance*(The American Empire Project), Owl Books, 2004.

Paul Evans, *The Global Challenge: Frameworks for International Human Resource Management*, Vladimir Pucik, Paul Evans, Vladimir Pucik, McGraw-Hill/Irwin; 1 edition, 2002.

Peter Menzel, Charles C. Mann, Paul Kennedy, *Material World: A Global Family Portrait*, by Sierra Club Books, 1994.

Richard H. Robbins, *Global Problems and the Culture of Capitalism*(2nd Edition), Allyn & Bacon; 2 edition, 2001.

Rothman, B. K., *Recreating Motherhood: Ideology and Technology in a Patriarchal Society*, NY: W.W.Norton, 1989.

R. Williams, *Keywords*, London, Fontana, 1983.

Robertson, J., *Children of Choice: Freedom and the New Reproductive Technologies*, Princeton, NJ: Princeton University Press, 1994.

Roland Robertson and Kathleen E.(ed.), White, *GLOBALIZATION: Critical Concepts in Sociology* Ⅰ ～ Ⅵ, Routledge, London & New York, 2002.

S. MacBride, *Many Voices, One World: Report by the International Commission for the Study of Communication Problems*, Kogan Page/UNESCO, 1980.

Samuel Escobar, *The New Global Mission: The Gospel from Everywhere to Everyone*(Christian Doctrine in Global Perspective), Intervarsity Press, 2003.

Sarah Anderson, *Field Guide to the Global Economy*, John Cavanagh, TheaLee, New Press, 2000.

Singer, Peter and Wells, Deane, *Making Babies: The New Science and Ethics of Conception*, New York: Charles Scribner's Sons, 1984.

Sharon Beder, *Global Spin: The Corporate Assault on Environmentalism*, Aatec Publications; Revised edition, 2002.

Steven Shankman & Stephen W. Durrant (eds.), *Early China / Ancient Greece*

Thinking through Comparisons, SUNY, 2002.

Strong, C., *Ethics in Reproductive and Perinatal Medicine*, New Haven, CT: Yale University Press, 1997.

T. Klare, *Resource Wars: The New Landscape of Global Conflict*, Owl Books (NY); Reprint edition, 2002.

Thome H. Fang, *Creativity in Man and Nature*, Taiwan; Linking Publishing Co. Ltd., 1980.

Tong, R., *Feminist Approaches to Bioethics: Theoretical Reflections and Practical Applications*, Boulder, CO: Westview Press, 1997.

Tooly, Michael, *Voluntary Euthanasia: Active versus Passive, and the Question of Consistency*, Revue Intenationale de Philosophie, 49(3), 1995.

Uwe Ommer, *Families : The Global Family Album*, Universe Publishing, 2003.

Varner, Gary E., *In Nature's Interests?: Interests, Animal Rights, and Environmental Ethics*, NY: OUP, 1998.

William E. May, *Catholic Bioethics and the Gift of Human Life*, Huntington : Our Sunday Visitor, Inc., 2000.

William W. Lewis, *The Power of Productivity : Wealth, Poverty, and the Threat to Global Stability*, University of Chicago Press, 2004.

Zbigniew Brzezinski, *Global Frequency : Planet Ablaze*, Warren Ellis, DC Comics, 2004.

논문(국내)

김상득, 「인간복제, 생식의 자유 그리고 윤리학」『동서철학연구』 31호, 한국 동서철학회, 2004.

김성곤, 「다문화주의와 인문학 교육의 미래」『철학과 현실』 52호, 2002년 봄.

김성한, 「동물의 도덕적 지위에 관한 진화론의 함의」『철학연구』 98집, 대한 철학회, 2006.5.

김정현, 「오리엔탈리즘과 동아시아」 『중국사연구』, 중국사학회, 2005.

김진석, 「동물환경과 환경보호는 동지인가 아니면 적인가?」 『문학과 환경』 5권 1호, 문학과 환경학회, 2006.6.

노영란, 「정보윤리에서의 책임의 성격과 유형」 『철학』 86집, 한국철학회, 2006.

딕 니콜스, 「신자유주의적 세계화에 어떻게 저항할 것인가?」 『진보평론』, 2001, 가을호.

박의경, 「동북아 협력의 모색과 21세기 한국 민족주의를 위한 제언」 『한국동북아논총』, 한국동북아학회, 2006.

박이문, 「문화의 상대성과 보편성 - 문화다원주의」 『역사적 전환기의 문화적 재편성』, 철학과 현실사, 2002.

박정순, 「마이클 왈쩌의 공동체 주의」 『자유주의를 넘어서』, 철학과 현실사, 2001.

박 희, 「세계와 타자 : 오리엔탈리즘의 계보(I)」 『담론201』, 한국사회역사학회, 2002.

손병홍, 「인간복제와 개인동일성」 『과학철학』 제4권 1호, 2001, 봄.

안건훈, 「자연권, 자연의 권리, 생태민주주의」 한국환경철학회 엮음, 『생태문화와 철학』, 금정, 2007.

양동휴, 「세계화의 역사적 조망」 『경제발전연구』 10권 1호, 한국경제발전학회, 2004.

양해림, 「문화다원주의 시대는 보편적 정치윤리를 요구하는가?」 『철학연구』 87집, 대한철학회, 2003.8.

이정옥, 「페미니즘과 모성」, 심영희 외, 『모성의 담론과 현실』, 나남출판, 1999.

이정우, 「한국 민족주의의 두 얼굴」 『시대와 철학』 17권 1호, 2006.

이종원, 「안락사의 윤리적 문제」 『철학탐구』, 중앙대학교 중앙철학연구소, 2007.

이진우, 「자유의 한계, 그리고 공동체주의」 『철학연구』 45, 1999.

임상수, 「지적 재산권의 정당화에 관한 정보윤리학적 접근」 『한국비블리아』 21권 2호, 한국비블리아학회, 2001.

임종식, 「안락사 정당화될 수 있는가」『과학사상』 28호, 1999년 봄.

장상환, 「반세계화운동의 지향과 전개방식」『실천문학』 겨울호, 실천문학사, 2001.

정미라, 「문화다원주의와 인정윤리학」『범한철학』 36집, 범한철학회, 2005년 봄.

조용개, 「환경윤리로서의 생태중심 생명가치관에 관한 논의」, 한국환경철학회 엮음, 『생태문화와 철학』, 금정, 2007.

조성환, 「세계화시대의 동아시아 민족주의」『세계지역연구논총』, 한국세계지역학회, 2005.

최문형, 「유교와 기독교의 공적 윤리」『한국전통사상의 탐구와 전망』, 경인문화사, 2004.

_____, 「동학의 모성론과 미래지향의 여성상」, 동학연구 19, 2005.9.

황경식, 「왜 '자유주의와 공동체주의'인가?─개인선과 공동권의 갈등과 화합」『철학연구』 45, 1999.

논문(해외)

Andrews, Lori B., "Beyond Doctrinal boundaries: a legal framework for surrogate motherhood", *Virginia Law Review*, 81: 2343. 1995.

_____, "Alternative modes of reproduction", In Sherrill Cohen Nadine Taub (ed.), *Reproductive Laws for the 1990s*, 1988.

Amy Gutman, "Communitarian Critics of Liberalism", Shlomo Avineri & Avner de-Shalit (eds.), *Communitarianism and Individualism*, N.Y: Oxford University Press, 1992.

Anthony Smith. "National Identity and the Idea of European Unity." *International Affairs*, 20:3, 1992.

Bernard Rollin, "Animal Pain", Susan Armstrong and Richard Botzler (eds.), *The Animal Ethics Reader*, London: Routledge, 2003.

Bob Bermond, "The Myth of Animal Suffering", Susan Armstrong and Richard Botzler (eds.), *The Animal Ethics Reader*, London: Routledge, 2003.

C. Taylor, "Die Politik der Anerkennung", in: *Multikulturalismus und die Politik der Anerkennung*, Frankfurt, a. M. 1997.

Daniel Bell, "Asian Communitarianism", *Confucian Democracy, Why & How*, Seoul: jontonggwahyundai, 2000.

Daniel Callahan, "When Self-Determinations Runs Amok", Ronald Munson, *Intervention and Reflection*, Belmont : Wadsworth/Thomson Learning, 2004.

Dan W. Brock, "Voluntary Active Euthanasia", Ronald Munson, *Intervention and Reflection*, Belmont: Wadsworth/Thomson Learning, 2004.

Epstein Barbara, "Ecofeminism and Grass-roots Environmentalism in the United States" in Toxic Struggles, Richard Hofrichter (ed.), Philadelphia: New Society Publishers. 1993.

G.J.Annas, "The Prospect of Human Cloning", J.M. Humber and R.F. Almeder, *Human Cloning*, New Jersey: Humana Press, 1998.

J.Q.Willson, "The Paradox of Cloning", L.R.Kass & J.Q.Wilson, *The Ethics of Human Cloning*, Washington, D.C.: The AEI Press, 1998.

James Rachels, "Active and Passive Euthanasia", R, Chadwick & D. Schroeder, (eds.), Applied Ethics II, New York; Routledge, 2002.

Jeffrey Sachs, "International Economics: Unlocking the mysteries of globalization", *Foreign Policy* 110, 1998.

John D. Arras, "Reproductive Technology", in *A Companion to Applied Ethics*, R. G. Frey & Christopher Heath Wellman. (eds.), Blackwell Publishing. 2003.

Jonathan Friedman, "Global System, Globalization and the Parameters of Modernity", Mike Featherstone, Scott Lash and Roland Robertson (eds.), *Global Modernities*, London: Sage, 1995.

Lois K. Daly, "Ecofeminism, Reverence for Life, and Feminist Theological Ethics", *Liberating Life*, New York: Orbis, 1990.

Robertson John A., "Surrogate mothers: not so novel after all", *The Hastings Center Report*, 13(5): 1983.

Windschuttle Keith, "Edward Said's Orientalism revisited", *New Criterion*, vol. 17, No. 5. 1999.

찾아보기

최 문 형崔文馨

이화여자대학교 교육학과 졸업
한국학중앙연구원 한국학대학원 졸업
성균관대학교 대학원 동양철학과 졸업(철학박사)
성균관대학교 대학원 한문학과 졸업(문학박사)
성균관대학교 TESOL · 번역 대학원 졸업
한국학중앙연구원 연구교수
성균관대학교, 감리교신학대학교, 서울사이버대학교, 총회신학대학교 강사
현 성균관대학교 동아시아학술원 유교문화연구소 책임연구원

〈저 서〉
『동양에도 신은 있는가』, 백산서당, 2002 /『한국전통사상의 탐구와 전망』, 경인문화사, 2004 /『겨레얼 살리기』, 겨레얼 살리기 국민운동본부, 2006 /『조선조 향약 연구』, 공저, 민속원, 1991 /『북한정부론』, 공저, 백산자료원, 2002 /『동양사상의 이해』, 공저, 경인문화사, 2002 /『동양사상, 자료와 이해』, 공저, 전통문화연구회, 2003 /『정보기술사회의 윤리 매뉴얼』, 공저, 서광사, 2004 /『북한의 한국학 연구성과와 남북학술교류』, 공저, 백산서당, 2004 /『통일시대 근현대 민족정신사연구』, 공저, 백산서당, 2006 / 그 외 논문 다수

갈등과 공존-21세기 세계화와 한국의 가치관-   값 8,500원

2007년 8월 17일	초판 인쇄	
2007년 8월 27일	초판 발행	

저　　자 : 최 문 형
발 행 인 : 한 정 희
발 행 처 : 경인문화사
편　　집 : 김 하 림
　　　　　서울특별시 마포구 마포동 324-3
　　　　　전화 : 718-4831∼2, 팩스 : 703-9711
　　　　　http://www.kyunginp.co.kr ｜ 한국학서적.kr
　　　　　E-mail : kyunginp@chollian.net
등록번호 : 제10-18호(1973. 11. 8)

ⓒ 한국학중앙연구원
ISBN : 978-89-499-0510-5 93330
※ 파본 및 훼손된 책은 교환해 드립니다.